Hans Ernst
Der Lebensweg
des Heimatschriftstellers

Hans Ernst

Der Lebensweg des Heimatschriftstellers

rosenheimer

2. Auflage

Coverkonzept: Zero Werbeagentur, München
Fotos von Foto Rammel, Rosenheim (oben)
und Bernd Römmelt, München (unten)
Text: Birgit H. Wölfl, Rosenheim
Satz: VerlagsService Dr. Helmut Neuberger
& Karl Schaumann GmbH, Heimstetten
Druck und Bindung: GGP Media, Pößneck
Printed in Germany

ISBN 3-475-53467-3

Inhalt

Geboren als Großstadtkind

Hans Ernst gilt heute als einer der bekanntesten und beliebtesten Autoren von Heimatromanen, die das ländliche, das bäuerliche Leben anschaulich schildern. Die wenigsten jedoch wissen, dass er in München geboren wurde und in der Großstadt aufgewachsen ist.

Am 9. November 1904 erblickte der Schriftsteller als Arbeiterkind in München-Neuhausen das Licht der Welt. Sein Vater, Johann Baptist Ernst, war Schustergeselle, wechselte aber nach seiner Heirat zur Eisenbahn. Die Mutter Anna, geborene Blank, stammte aus der Gegend von Reichenhall und verdiente sich vor der Hochzeit ihren Lebensunterhalt als Verkäuferin in einem Zigarrengeschäft. Nach ihrer Eheschließung und der Geburt der Kinder versuchte sie, mit Putz- und Waschdiensten für Wohlhabende das Budget der Familie aufzubessern.

Die Familie Ernst lebte in einer kleinen Wohnung in der Schulstraße 21, München-Neuhausen. Um sich noch ein Zubrot zu verdienen, vergaben die Ernsts ein Zimmer zur Untermiete an »solide Herren«, wie der Autor diese in seiner Autobiografie *Die Hand am Pflug* bezeichnet. Es wurden jeweils nur Zimmerherren angenommen, niemals ein Fräulein, denn diese wären ja in Abwesenheit der Mutter mit dem Vater allein gewesen, und so

Geburtshaus – München, Schulstraße 21

ganz traute die junge Ehefrau ihrem Mann wohl nicht – so vermutet zumindest Hans Ernst später, war doch sein Vater Johann Baptist zu dieser Zeit ein recht flotter Bursche. Immerhin verfügte die Familie dank der Mieteinnahmen über ein recht gutes Einkommen, das zunächst ein annehmliches und komfortables Leben ermöglichte.

Hans Ernsts Eltern führten eine sehr gute und harmonische Ehe. Die Mutter, klein und zierlich, sorgte voller Liebe für Ehemann und Kinder. Daher ist es mehr als verständlich, dass der Schriftsteller bis an sein Lebensende mit zärtlicher Erinnerung und Liebe an seiner gütigen und verständnisvollen Mutter hing.

Ein erster Schicksalsschlag traf die junge Familie Ernst, als ihr erstgeborenes Kind, ein kleines Mädchen, schon nach zwei Monaten verstarb. Umso größer war dann die Freude, als Sohn Hans und zwei Jahre später sein Bruder Josef (»Pepi«) zur Welt kamen.

Seine ersten Jahre in München, so heißt es in *Die Hand am Pflug*, empfand Hans Ernst als »eine Oase des stillsten Friedens«: Es fuhren noch keine Autos, keine Trambahn, höchstens Bierfuhrwerke der Paulaner-Brauerei mit feisten Rössern. Über die Schulstraße wird Hans Ernst später sagen: »Dort war meine Heimat, meine kleine Welt, die ich von Herzen liebte, die breite Straße, auf der wir alles machen konnten, schussern und Reifen treiben und Trallern (Kreisel) spielen. Im Winter konnte man dort auch Schlittschuh laufen.«

Hans Ernsts Mutter

Zusammen mit dem Nachbarjungen Wiggerl und dessen Schwester Wurzi wurden so manche lustigen Streiche ausgeheckt, und auch seine rege Fantasie wusste der Schriftsteller schon zu dieser Zeit gekonnt einzusetzen. So schilderte er zum Beispiel seinen Freunden die Reise zu einem Verwandten, dem Vetter Pauli, nach Reichenhall in den buntesten Farben, obwohl es in Wirklichkeit nur ein ganz gewöhnlicher Familienausflug gewesen war. Der Vetter, so behauptete der kleine Hans, sei ein großer Schmugglerhauptmann und habe gar furchtbare Kämpfe mit den Grenzern ausgefochten. Dem Reichenhaller Kapellmeister dichtete der Junge einen goldenen Zauberstab an, mit dem dieser seine Musiker dirigiere, und als Höhepunkt der Reise habe der Bub sogar König Laurin mit seinen Söhnen durch das Burgtor reiten sehen. An Erfindungsgabe hat es Hans Ernst schon früh nicht gemangelt!

1910 sollte der Junge eingeschult werden, doch wurde er bei der Schuleinschreibung abgelehnt, weil für dieses Jahr bereits alle Klassen übervoll seien, er zudem erst im November geboren sei und so der Schulbeginn noch ein Jahr Zeit habe.

Also konnte der Bub noch etwas seine »Freiheit« und das damals noch recht geruhsame München mit seinen erst wenig über 500 000 Einwohnern genießen.

Es war die Zeit des Prinzregenten Luitpold, als in München noch einspännige Fiaker und zweispännige Kutschen fuhren. Eine Stadt mit vielen weiten

Grünflächen, in denen es für die Kinder jede Menge Platz zum Spielen gab.

Als Hans Ernst mit seiner Mutter einmal auf dem Weg zu seiner Taufpatin war, begegnete ihnen eine glänzende Kutsche. Der Prinzregent fuhr vorbei, und viele Leute verneigten sich. Der spätere Buchautor erinnert sich an die Worte seiner Mutter, die dazu sagte: Das Knie brauche man nur vor Gott zu beugen, und manche Leute täten übertrieben untertan. Eine vernünftige Ansicht, wie Hans Ernst in seinen Erinnerungen schreibt.

Früher Tod der Mutter

Das Schicksal setzte dieser Kindheitsidylle jedoch bald ein Ende. Im Mai 1910 erkrankte Hans Ernst schwer. Mit einer doppelseitigen Lungenentzündung sowie einer eitrigen Rippenfellentzündung wurde er in das Haunersche Kinderkrankenhaus eingeliefert. Bis zum Ende seines Krankenhausaufenthaltes im Juli 1910 wunderte sich der Junge allerdings, warum seine Mutter ihn nicht besuchen kam. Von seinem Vater wurde er auf diesbezügliche Fragen immer wieder vertröstet, die Mutter sei bei ihren Verwandten für längere Zeit auf Besuch.

Erst im Waisenhaus, in das ihn der Vater im Anschluss an seine Krankenhauszeit brachte, erfuhr der Junge die traurige Wahrheit. Anlässlich des Allerheiligentages führte der Vater seine beiden Söhne zum Grab der Mutter und versuchte, das Geschehene zu erklären. Am 10. Mai war die Mutter im Kindbett verstorben, und auch ihr neugeborenes Mädchen war ihr noch am selben Tag in den Tod gefolgt.

Im Waisenhaus

Hans Ernst war zu diesem Zeitpunkt knapp sechs Jahre alt. Die Erschütterung über den unerwarteten Tod der geliebten Mutter und der Verlust seiner gewohnten Umgebung ließen ihn die Eingliederung in die strenge Ordnung des Waisenhauses doppelt hart empfinden. Eine hohe Mauer umschloss das Gelände, und das große eiserne Tor war stets verriegelt. Vorbei war es mit der bis dahin gekannten Freiheit, dem Herumstreunen und -tollen mit den Freunden Wiggerl und Wurzi. Da verwundert es kaum, dass der Junge die Welt des Waisenhauses wie einen Gefängnisaufenthalt erlebte.

Zudem galt Hans Ernst bei der Waisenhausleitung als aufsässig. Angriffe anderer Jungen wehrte er mit den Fäusten ab, und vor allem seinen jüngeren Bruder Pepi verteidigte er im wahrsten Sinne des Wortes schlagkräftig. Denn Pepi wurde oft gehänselt, weil er das »r« nicht aussprechen konnte. In seiner Autobiografie berichtet Hans Ernst, es habe wie »Jiiiiiiiosef Enst« geklungen, wenn Pepi versuchte, seinen Namen auszusprechen. Es spricht jedoch für das freundliche und hilfsbereite Wesen Hans Ernsts, dass er den Jüngeren nicht nur mit Schlägen gegenüber seinen Widersachern beschützte, sondern mit dem Bruder so lange übte, bis dieser wenigstens seinen Namen korrekt angeben konnte.

Die Stiefmutter

Im Frühjahr 1911 holte der Vater allerdings überraschend seine beiden Söhne aus dem Waisenhaus. Zunächst kümmerte sich noch Frau Zimmerer, die Nachbarin und Mutter von Wiggerl und Wurzi, um die Verwaisten, doch schon bald stellte der Vater den Jungen ihre »neue Mutter« vor. Der Schriftsteller vermutet später in *Die Hand am Pflug*, es müsse sich bei der Stiefmutter Katharina wohl um »ein recht spätes Mädchen« gehandelt haben, wenn sie einen Witwer mit zwei kleinen Buben zum Mann genommen hatte. Aufgrund ihrer Erscheinung, sie wird von Hans Ernst als groß und mager beschrieben, wurde sie von den Kindern heimlich verspottet und erhielt bald den verächtlichen Namen »die Stange«.

Die Familie, nun mit Stiefmutter, zog sodann in eine kleinere und billigere Mansardenwohnung in einem Hinterhaus der Westendstraße um.

Das Auskommen mit der Stiefmutter auf engstem Raum war von Beginn an schwierig. Doch besonders nach der Geburt des Stiefbruders Ludwig, genannt Buwi, machte die neue Mutter Hans Ernst das Leben schwer. Sie kürzte ihm das Essen, und der Junge musste nahezu jeden Abend hungrig ins Bett gehen. Der kleine Buwi jedoch wurde verhätschelt und mit dem besten Essen verwöhnt.

Noch schlimmer für ihn waren allerdings die Misshandlungen durch die Stiefmutter. Sie schlug den Jungen mit Stecken, Kochlöffel und Schürhaken. Einmal verletzte sie ihn sogar so stark, dass die Blutung nicht mehr gestoppt werden konnte und sie ihn zum Arzt bringen musste, um die Wunde nähen zu lassen.

Zunächst versuchte die Stiefmutter zwar noch, ihre Grobheiten vor dem Vater zu verheimlichen, doch als dieser immer weniger Interesse an seinen Kindern aus erster Ehe zeigte, misshandelte sie die Jungen ohne jegliche Skrupel direkt vor seinen Augen. Wie von ihr erwartet, unternahm der Vater nichts, ja, er ließ sich mehr und mehr gehen und begann, auch seinerseits die Jungen schon wegen geringster Vergehen zu schlagen. Das so genannte »Scheitlknien«, wobei man als Strafe stundenlang auf einem rauen Holzscheit zu knien hatte, gehörte bald zum Alltag der beiden älteren Ernst-Söhne.

In seiner Verzweiflung wandte der Junge sich an ein Kloster. Hier erhielt er Brot und Suppe, um seinen Hunger zu stillen. Als die Stiefmutter davon erfuhr, strafte sie ihn zwar, doch ließ sie ihn weiterhin zum Kloster betteln gehen, war somit schließlich wieder ein Esser weniger im Hause Ernst.

Fortan hatte der Junge auch in ihrem Auftrage betteln zu gehen. Er musste für sie und den kleinen Buwi Semmeln und Brot sowie beim Metzger Fleischreste besorgen. Und auch beim Obsthändler ließ er so manches Mal etwas mitgehen. So war er zum Dieb geworden, und dies lastete ihm

Johann Baptist Ernst und seine zweite Ehefrau Katharina

schwer auf der Seele. Hatte doch die geliebte Mutter ihn stets ermahnt, nicht zu lügen und zu stehlen. Obwohl er durch die Not zum Stehlen gezwungen war, schämte der Junge sich dessen sehr und wurde von argen Gewissensbissen geplagt.

Als die Stiefmutter erneut schwanger wurde, zog die Familie Ernst in die Guldeinstraße. Die neue Wohnung hatte ein Zimmer mehr, doch ansonsten veränderte sich das Familienleben nicht zum Besseren. Dennoch liebte Hans Ernst die neugeborene Schwester Kreszentia, die kleine »Mausi«, heiß und innig. Er hatte sie abends zu füttern und auf sie aufzupassen. Schon bald jedoch starb Mausi an einer Lungenentzündung, und Hans Ernst war untröstlich. Er vermisste das kleine Mädchen und fühlte sich insgeheim mitschuldig an ihrem Tod, weil er ihr aus Hunger oftmals die Milchflasche leer getrunken hatte.

Die Zeit noch ihrem Tod bezeichnete er aber trotz seiner Trauer um das kleine Mädchen als die »goldene Zeit« seiner Kindheit, denn die ebenfalls an Lungenentzündung erkrankte Stiefmutter ging zur Erholung in ein Sanatorium, und auch die Brüder wurden anderweitig untergebracht, sodass Hans Ernst seinen Vater endlich einmal ganz für sich alleine hatte. Mit der Rückkehr der Stiefmutter war die glückliche Zeit allerdings schnell wieder vorbei.

Sommerferien auf dem Land

Inzwischen war die Einwohnerzahl der Stadt München erheblich angewachsen, und der Erste Weltkrieg hatte begonnen. Die Stimmung in der Stadt war gedämpft, und im lauen Frühlingswind hing eine leise Bedrückung.

Für Hans Ernst gab es in dieser beklemmenden Atmosphäre dennoch ein großes Ereignis: Die Stadt München vermittelte für Not leidende Kinder 14 Tage Ferien auf dem Land, und als seine Lehrerin gefragt wurde, wer in ihrer Klasse besonders arm und der Erholung bedürftig sei, wählte sie den jungen Ernst aus.

Der Bub konnte sein Glück kaum fassen, und schon bald schien ihm das Landschulheim bei Schorndorf am Ammersee wie das Paradies auf Erden. Hier gab es reichlich zu essen, ein Bett für ihn allein und vor allem keine Schläge. Besonders nachhaltig aber beeindruckte ihn die erste Begegnung mit der freien Natur. Das Wandern im Wald und das Baden im See gaben ihm ein Gefühl von ungeahnter Freiheit, und der Junge träumte davon, nie mehr in die Stadt und zur Stiefmutter zurück zu müssen.

Leben auf dem Bauernhof

Am 10. Juli 1916 gab es eine neue Wende im Leben des jungen Hans Ernst. An diesem Tag starb die Stiefmutter, gleichzeitig erhielt der Vater seinen Stellungsbefehl. Er musste in den Krieg.

Die Münchener Behörden nahmen sich nun der Kinder an, und Hans Ernst wurde von der Fürsorge zunächst für die Zeit der Ferien auf einen niederbayerischen Bauernhof geschickt. Hier, bei der Familie Schwarz, wurde der Stadtjunge gut aufgenommen, und die neu gewonnene Freiheit, die Ungebundenheit und das völlige Losgelöstsein von allen Sorgen und Ängsten genoss er in vollen Zügen. Hans Ernst durfte bei der Ernte mithelfen und erfuhr erstmals das positive und wichtige Gefühl des Gebrauchtwerdens. Denn hier auf dem Bauernhof empfand er sich nicht als nur geduldet oder Last, nein, im Gegenteil, seine Arbeitskraft wurde als wertvoll und nutzbringend angesehen.

Mit dem Ende der Ferienzeit hatte er sodann auf behördliche Anordnung hin – für einen Pflegesatz von 20 Mark – zu einem anderen niederbayerischen Bauern überzusiedeln. Aber auch beim Voggenreuter in Oberreit fühlte er sich sehr wohl und gut aufgehoben. Den Namen des Bauern verewigte Hans Ernst übrigens später mit dem Titelhelden seines ersten Romanes *Jakob Voggtreuter* (heute: *Das verlorene Glück*).

Vater Ernst mit seinen Söhnen Josef (links) und Hans

Mit dem Leben auf dem Bauernhof begann für Hans Ernst eine neue Zeit des Glücks und der Zufriedenheit. Das Bauernhandwerk weckte seine Freude am Leben, und obwohl er täglich eine Stunde hin und eine Stunde zurück zur Schule zu gehen hatte, stürzte er sich hinterher leidenschaftlich in die Arbeit.

Jene Jahre waren prägend für den Jungen aus der Stadt, und er lernte die Bauernarbeit von der Pike auf: Hüten des Viehs, Mähen, Melken, Säen, Pflügen, Dengeln, Ernten und vieles mehr. So brachte dieser neue Lebensabschnitt eine Fülle von Eindrücken mit sich sowie jede Menge neuartige Erfahrungen und Erlebnisse, die auf ihn einstürzten.

Nach sieben Jahren Volksschule – die damals übliche Schulzeit auf dem Land – hatte Hans Ernst

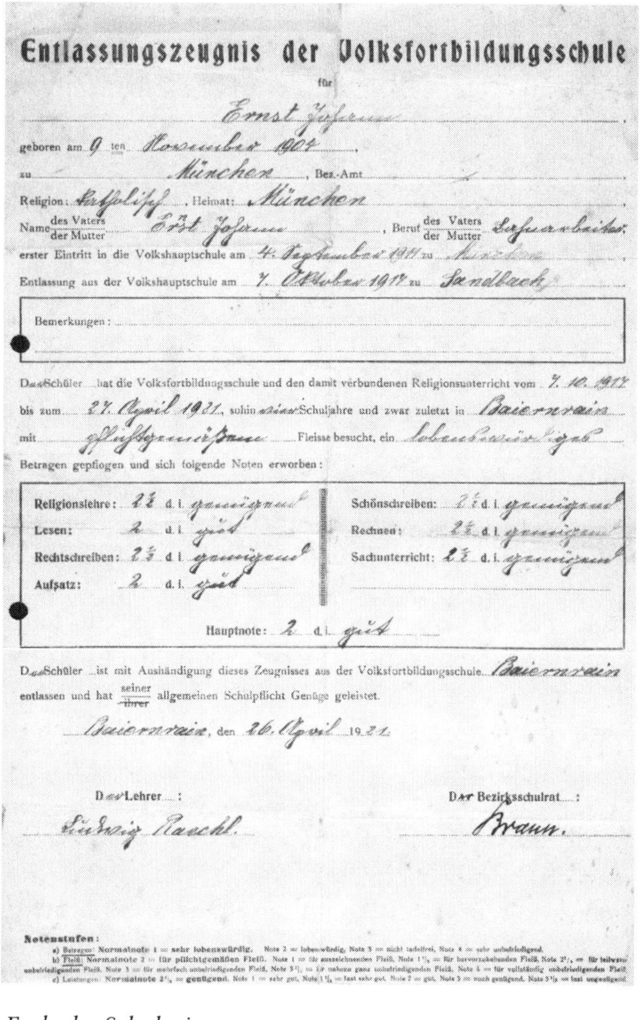

Entlassungszeugnis der Volksfortbildungsschule

für

Ernst Johann

geboren am 9 ten November 1904,

zu München, Bez.-Amt —

Religion: katholisch, Heimat: München,

Name des Vaters / der Mutter Ernst Johann, Beruf des Vaters / der Mutter Hilfsarbeiter,

erster Eintritt in die Volkshauptschule am 4. September 1911 zu München,

Entlassung aus der Volkshauptschule am 7. Oktober 1917 zu Sandbach

Bemerkungen:

Der Schüler hat die Volksfortbildungsschule und den damit verbundenen Religionsunterricht vom 7. 10. 1917 bis zum 27. April 1921, sohin drei Schuljahre und zwar zuletzt in Baiernrain mit pflichtgemäßem Fleisse besucht, ein lobenswürdiges Betragen gepflogen und sich folgende Noten erworben:

Religionslehre:	2½ d. i. genügend	Schönschreiben:	2½ d. i. genügend
Lesen:	2 d. i. gut	Rechnen:	2½ d. i. genügend
Rechtschreiben:	2½ d. i. genügend	Sachunterricht:	2½ d. i. genügend
Aufsatz:	2 d. i. gut		

Hauptnote: 2 d. i. gut

Der Schüler ist mit Aushändigung dieses Zeugnisses aus der Volksfortbildungsschule Baiernrain entlassen und hat seiner allgemeinen Schulpflicht Genüge geleistet.

Baiernrain, den 26. April 1921.

Der Lehrer: Ludwig Raschl.

Der Bezirksschulrat: Braun.

Notenstufen:

a) Betragen: Normalnote 1 = sehr lobenswürdig. Note 2 = lobenswürdig, Note 3 = nicht tadelfrei, Note 4 = sehr unbefriedigend.

b) Fleiß: Normalnote 2 = für pflichtgemäßen Fleiß. Note 1 = für ausgezeichneten Fleiß, Note 1½ = für hervorzuhebenden Fleiß, Note 2½ = für teilweise unbefriedigenden Fleiß, Note 3 = für mehrfach unbefriedigenden Fleiß, Note 3½ = für nahezu ganz unbefriedigenden Fleiß, Note 4 = für vollständig unbefriedigenden Fleiß.

c) Leistungen: Normalnote 2½ = genügend. Note 1 = sehr gut, Note 1½ = fast sehr gut, Note 2 = gut, Note 3 = noch genügend, Note 3½ = fast ungenügend.

Ende der Schulzeit

seine Zeit auf der Schulbank hinter sich gebracht. Er war stets ein guter Schüler gewesen, lediglich am Rechnen zeigte er wenig Interesse. Noch lagen vier Jahre Sonntagsschule vor ihm, aber immerhin erhielt er jetzt erstmals Lohn für seine Arbeit auf dem Bauernhof.

Kurze Rückkehr in die Stadt

Vom Krieg bekam Hans Ernst auf dem Land wenig zu spüren. Doch als sein Vater 1918 nach Kriegsende zurückkam, sollte Hans Ernst nochmals einen neuen Weg einschlagen. Auf Drängen des Vaters kehrte er widerwillig nach München zurück und fing am 2. Januar 1919 eine Schreinerlehre an. Schon bald aber war ihm klar, dass er keine Liebe zum Schreinerhandwerk entwickeln konnte. So beschloss er bereits Ende Februar und ohne Wissen des Vaters, die Lehre aufzugeben und sich davonzumachen.

Ratlos, wie er nun an eine Arbeitsstelle als Knecht kommen sollte, wandte er sich Hilfe suchend an das Münchener Arbeitsamt, und er hatte wiederum Glück, denn es wurde ihm sogleich eine Anstellung auf dem Land vermittelt.

Die Zeit als Rossbua und Knecht

Von nun an verdiente sich Hans Ernst seinen Lebensunterhalt als Rossbua und Bauernknecht, worauf er sehr stolz war, denn gerade die Stellung eines Pferdeknechts war äußerst verantwortungsvoll.

Genau am 26. Februar 1919 trat er seine erste Stelle auf Gut Aumühle in Emmering bei Fürstenfeldbruck an.

Hans Ernst war begierig darauf, weiterhin alles zu lernen, was mit dem Bauernhandwerk zu tun hatte, und er fühlte sich wohl in seiner neuen Wirkungsstätte – nicht zuletzt deshalb, weil es auf dem Gut ausreichend zu essen gab und somit die Zeit des Hungerns für ihn vorbei war.

Auch der allwöchentliche Pflichtbesuch der Sonntagsschule konnte seine innere Ausgeglichenheit nicht beeinträchtigen, wenngleich dadurch die Freizeit an den Sonntagen erheblich eingeschränkt wurde: morgens Stallarbeit, anschließend Ausfahren der Milch, um acht Uhr Hochamt, von zehn bis zwölf Sonntagsschule, nach dem Mittagessen von vierzehn bis fünfzehn Uhr Christenlehre, darauf erneut Stallarbeit.

Nach einigen Wochen auf Gut Aumühle besuchte ihn der Vater schließlich. Das erwartete Donnerwetter blieb allerdings aus, im Gegenteil, der Vater gab bereitwillig sein Einverständnis zur neuen Arbeit seines Sohnes. Denn er hatte eine Neuigkeit: Eine dritte Hochzeit stand bevor.

Die neue Stiefmutter hieß Elisabeth Schütz, war Kriegswitwe und brachte vier Kinder mit in die Ehe. Ihr Sohn hieß ebenfalls Hans, und ihre Töchter trugen die Namen Greti, Anni und Liesi. In *Die Hand am Pflug* erzählt Hans Ernst später, dass er die Stiefschwestern gerne spaßhaft »die Schützengarde« nannte. Aber auch, dass sich zwischen den Stiefgeschwistern Vertrauen und Freundschaft entwickelten.

Mit seiner dritten Ehefrau führte der Vater, Johann Baptist Ernst, ein gutes Eheleben und kümmerte sich nun wieder verstärkt um seine Kinder. Hans Ernst selbst schätzte die dritte Frau seines Vaters, da sie ihm, seinen Brüdern und dem Vater ein neues Heim bereitete.

Allerdings warf der Tod des jüngeren Bruders Buwi, der an einer Blinddarmentzündung starb, einen Schatten auf das familiäre Glück.

Hans Ernst, inzwischen 15-jährig, verdiente sich auf Gut Aumühle nun des Öfteren durch Aufsetzen von Liebesbriefen etwas dazu. Für diesbezüglich weniger geschickte Kameraden schrieb er romantische Briefe an deren jeweilige Angebetete und verlangte dafür ein paar Pfennige als Entgelt. Sein Geschick, die richtigen Worte zu finden, zeigte sich also schon damals, denn die Briefe hatten bei der Damenwelt großen Erfolg.

Johann Baptist Ernst mit seiner dritten Ehefrau Elisabeth

Besonders nachhaltig beeindruckte ihn aber der erste Besuch einer Theatervorführung. Laienschauspieler gaben das Stück *Der Tatzelwurm*. Tief berührt, träumte Hans Ernst jetzt davon, einmal selbst auf der Bühne zu stehen.

Vorerst wechselte er jedoch noch einige Male seine Arbeitsstelle. Auf dem Hösentalerhof in Wörschhausen verliebte er sich in Nanndl, die Tochter des Bauern, und musste daraufhin zum Lichteneggerhof in Berg bei Baiernrain übersiedeln – ein Knecht durfte sich schließlich nicht mit der Tochter eines reichen Bauern einlassen, dafür war er viel zu arm und unbedeutend.

Dennoch konnte Hans Ernst sich nicht beklagen. Er wurde stets anständig behandelt, erhielt ausreichend Essen und hatte meist ein gutes Unterkommen. Und obwohl die Inflation sein erstes, mühsam erspartes Geld dahingerafft hatte, war er immerhin in Lohn und Brot.

Ab dem 2. Februar 1922 war Hans Ernst auf dem Nachbarhof beim Hammerbauern in Stellung. Dort fühlte er sich besonders wohl, denn er wurde in die Familie integriert und befreundete sich mit dem Sohn des Bauern.

Zu dieser Zeit war es auch, dass Hans Ernst begann, heimlich Gedichte zu schreiben. In seiner Autobiografie heißt es, es habe ihn schon damals geradezu danach gedrängt, zu dichten und zu schreiben. Auch die Theaterlaufbahn des Hans Ernst nahm hier ihren bescheidenen Anfang.

Erste Theaterrolle als Laienschauspieler

Der Weltuntergang hieß das Stück, das der neu gegründete Burschenverein Baiernrain mit Hans Ernst in seiner ersten Rolle aufführte. Er hatte darin den »Barometer-Simmerl«, eine komische Rolle, zu spielen. Später erzählt der Autor dazu folgende Anekdote: »… und diese Rolle brachte es mit sich, dass ich dabei ein Ei zu essen hatte. Jedes Mal, wenn diese Stelle kam, warf ich einen Blick auf den Regisseur. Es war der Herr Expositus von Steingau, derselbe, den ich an Ostern um seine sechs Eier gebracht hatte. Ob er sich genauso daran erinnerte wie ich? Anmerken ließ er es sich nie. … Als der Vorhang aufging, lachten die Leute schon über meinen komischen Aufzug. Als ich die ersten Sätze gesprochen hatte, brüllten sie vor Lachen. Dann kam die Szene mit dem Ei, das ich noch schnell essen sollte, bevor die Welt unterging. Unglücklicherweise war es recht hart gesotten, das Dotter war wie ein Stein, es blieb mir im Schlund stecken, ich brachte es nicht mehr heraus und auch nicht hinunter. Ich würgte und hustete, es half alles nichts. Ich wurde schon blau im Gesicht, und es sah ganz so aus, als sollte die Welt für mich wirklich untergehen. Ich war einer Ohnmacht nahe. Als das gelbe Ding dann doch den Schlund hinunterrutschte, drückte es mich so fürchterlich, dass ich

Grimassen schnitt vor Schmerz. Die Leute bogen sich vor Lachen und schrien: ›Mei! Spielt der gut!‹«

»Auf den Brettern«, so schreibt Hans Ernst in *Die Hand am Pflug* weiter, »von denen man sagt, dass sie die Welt bedeuten, fühlte ich mich sofort sicher. Ich lernte spielend und hatte keinerlei Hemmungen oder gar Lampenfieber.« Im Gegensatz zu seinem ersten Part als komischer Held versuchte er sich daraufhin in einer ganz anders gearteten Rolle. Er spielte nun einen Intriganten und fand auch in dieser Darstellung großen Anklang beim Publikum.

Hans Ernst und die Frauen

Dass Hans Ernst schon immer ein Freund der Frauen war, bezeugen seine zahlreichen kleinen Flirts. Unter seiner Hinterlassenschaft befindet sich auch ein kleines Heftchen mit Fotos und Porträts von Frauen, die mit einer kleinen Widmung ihre Verbundenheit zum Ausdruck gebracht hatten.

Eine ernsthafte Beziehung ging der Romanautor allerdings erst mit Rosl, einer Bauerntochter, ein. Zusammen mit ihr träumte er den großen Traum von der ewigen Liebe, doch die strenge gesellschaftliche Ordnung zu dieser Zeit wollte es anders. Obwohl das Paar für eine gemeinsame Zukunft kämpfte, stand doch immer dagegen, dass Hans Ernst als einfacher Bauernknecht für die Tochter eines Bauernhofbesitzers nicht gut genug war. In seiner Autobiografie betont Ernst, dass ein Knecht in dieser Welt eben immer noch als ein »Niemand« galt.

Verbittert nahm Hans Ernst daraufhin seinen Abschied vom Hammerhof, auf dem er immerhin fünf Jahre gelebt hatte. Die Verbindung zu Rosl blieb, wenn auch nur brieflich, noch einige Zeit bestehen – hoffte er doch, sie trotz aller gesellschaftlichen Gegensätze einmal heiraten zu können. Erst als er eines Tages keine Antwort mehr auf seine Briefe erhielt, brach der Kontakt endgültig ab. Im

Hans Ernst und eine Verehrerin

Nachhinein erfuhr er, dass man Rosl ihrerseits seine Briefe vorenthielt und sie ihm deshalb nicht mehr schrieb. Hans Ernst litt sehr unter dem Ende dieser Verbindung und zog sich für einige Zeit von der Welt und den Frauen zurück.

Auch die daran anschließenden Beziehungen zu Zenzi, einer Näherin aus Glonn, und Mizzi Müller, der Tochter des Theaterdirektors Bruno Müller, fanden kein glückliches Ende.

Wanderleben als Knecht

Vom Hammerhof zog Hans Ernst weiter zu einem Gastwirt in Holzkirchen. Herr Hohenadel betrieb neben seiner Gastwirtschaft eine kleine Pferdezucht und stellte Hans Ernst als Pferdepfleger ein. Für den einfachen Knecht war dies ein Aufstieg. Er verdiente mehr und wurde zum ersten Mal in seinem Leben mit »Sie« angesprochen. Es dauerte allerdings nicht lange, dann wurde ihm gekündigt, da sich der Wirt mit seinen Pferden finanziell übernommen hatte.

Als Fuhrknecht fand er daraufhin Anstellung auf einem Gut bei Egmating, doch konnte er auch hier nicht lange bleiben.

Seine neue Arbeit auf einem Hof in Sachsenkam bei Bad Tölz erwies sich als sozialer Abstieg. Nicht nur das Essen war schlecht, es machten ihm vor allem die Abgeschiedenheit des Hofes sowie ein großes Einsamkeitsgefühl zu schaffen.

Erneut wechselte er den Arbeitsplatz. Dieses Mal verschlug es ihn nach Glonn auf das landwirtschaftliche Anwesen und in die Bäckerei der Familie Schwaiger. Hier begann er, über sein »Wanderleben« nachzudenken. Obwohl er von seinen Arbeitgebern meist gut behandelt wurde, hatte er doch noch keine Heimat oder eine dauerhafte Bleibe gefunden. In Glonn aber gefiel es ihm ausnehmend gut: »Dieser Marktflecken, eingebettet in

Schwaigerhof in Glonn, heute ein Café mit Hans-Ernst-Stüberl

einen Kranz von Wäldern, in denen die Glonn entsprang, die sich dann mit dem Kupferbach vermählte, bot einen so lieblichen Anblick, dass mir das Herz sofort weit aufging.«

Die erste Zeit in Glonn

Schon bald nach seiner Ankunft in Glonn trat Hans Ernst dem Gebirgstrachtenerhaltungsverein »D'Glonntaler« bei. Um etwas Geld für die Vereinskasse einzunehmen, beschlossen die Glonntaler, Theater zu spielen. Für Hans Ernst war dies die Gelegenheit, als Theaterleiter tätig zu werden. Im ersten Stück *Wildererblut* spielte er die Hauptrolle und führte Regie.

Hans Ernst mit Frau Helene in Glonn, vor dem Haus, in dem sie während ihrer ersten Ehejahre eine Mansardenwohnung bewohnten

In diese Zeit fiel der Tod seines Vaters, der erst 52-jährig an einer Lungenentzündung starb. Hans Ernst hatte ihn noch kurz vor seinem Tod in München besucht, wo er ihn bereits schwer krank fand, doch glaubte man da noch nicht an etwas Lebensbedrohliches. Kaum war Hans Ernst jedoch wieder in Glonn, überbrachte man ihm die Todesnachricht.

Bald darauf lernte Hans Ernst beim Theaterspielen die Näherin Zenzi kennen. Sie war um zwei Jahre älter als er und verliebte sich heftig in ihn. Hans Ernst aber begann nur zögernd eine Affäre mit ihr, denn es gefielen ihm noch so einige schöne Mädchen aus Glonn. Mit der Zeit wurde jedoch eine ernst zu nehmende Beziehung daraus, und Zenzi drängte zur Heirat. Die junge Frau bestand allerdings darauf, dass er vorher ein Handwerk erlerne, um eine Familie besser ernähren zu können.

Nur ungern kündigte Hans Ernst daraufhin beim Schwaiger und jobbte vorübergehend als Holzknecht, um an Ostern eine Ausbildungsstelle als Maurerlehrling antreten zu können. So weit sollte es jedoch nicht kommen.

Mit dem Theater auf Tournee

In dieser Situation schien es ihm wie ein Wink des Himmels, als er folgende Anzeige in der Zeitung fand:

»Oberbayerisches Bauerntheater sucht für seine Tournee junge Burschen im Alter von 20–25. Be-

Hans Ernst beim Bauerntheater 1928

Original Oberbayerisches Bauerntheater (Hans Ernst in der Mitte, mit hochgezogenem Knie)

dingung: Beste Kenntnisse im Schuhplatteln, saubere, oberbayerische Tracht und gutes Auftreten, sowie guter Lerner für kleinere Rollen. Eilangebote mit Bild an Direktor Bruno Müller, z. Zt. Annweiler, Rheinpfalz, Hotel Schwan.«

So brachte das Jahr 1928 die entscheidende Wende in seinem Leben: Hans Ernst gab das solide Tagewerk eines Bauernknechts auf und stürzte sich praktisch ins Abenteuer.

Die Theatergruppe tourte durch ganz Deutschland, wobei sie jeweils für drei Wochen an einem Ort gastierte. Eine Fülle von Empfindungen und Impressionen stürmten auf den jungen Hans Ernst ein, und, so schreibt er in seiner Autobiografie, »ich war wie berauscht von all den Eindrücken, die meine neue Welt zu bieten hatte.«

Die Geschäfte des Theaters gingen gut. Die Schauspieler wurden mehr und mehr zu einer aufeinander eingeschworenen Gruppe. Hans Ernst dazu in *Die Hand am Pflug*: »Wir spielten mit Leidenschaft und Hingabe, ich möchte sagen, mit dem Herzen. ... eins konnte sich auf das andere verlassen, und dieser Truppe habe ich es zu verdanken, dass ich ein richtiger Schauspieler wurde.«

In der Zwischenzeit hatte sich Zenzi von ihm getrennt, denn sie war sich im Klaren darüber, dass

Mizzi Müller

Hans Ernst nie zu ihr zurückkehren und sesshaft werden wollte – war der junge Mann doch mittlerweile Schauspieler mit Leib und Seele geworden. Ein Abschied vom Theater schien undenkbar.

Der Verlassene jedoch blieb nicht lange allein. Er fand rasch Trost bei Mizzi Müller, der Tochter seines Theaterdirektors. Die hitzige Verliebtheit des jungen Hans Ernst wurde aber von Vater Bruno Müller nicht gern gesehen, und er setzte auch später alles daran, die beiden Liebenden auseinander zu bringen.

Der erste Roman entsteht

Obwohl Hans Ernst mit Feuereifer seine Rollen spielte, plagte ihn auf den Tourneen nun häufiger das Heimweh nach den Bergen. In einer solch melancholischen Stimmung griff er schließlich zum Stift und notierte auf einem Blatt Papier den Namen »Jakob Voggtreuter«. Damit legte er den Grundstein zu seinem ersten Roman *(Das verlorene Glück)*. Abergläubisch schrieb er das Manuskript in grüner Tinte, denn Grün galt für ihn als die Farbe der Hoffnung. »Wie ein Rausch hatte es mich erfasst. Seite um Seite füllte sich, und als es dann Winter werden wollte, hatte ich das erste Heft voll«, berichtet der Schriftsteller in seiner Biografie. Bis zur Vollendung des Romans sollten es vier dicke Hefte werden.

Interessanterweise trägt die Figur der Hedwig aus diesem Roman Züge jener Annette, die Hans Ernst als blauen Domino auf einer Faschingsfeier in Bad Liebenzell kennen lernte und mit der er noch lange Zeit in Kontakt stand. Sie ermutigte ihn immer wieder, zu sich selber zu stehen und dem eigenen Gefühl zu folgen, was das Schreiben betraf.

Seinen ersten Roman sandte Hans Ernst daraufhin an einen Leipziger Verlag, der ihn allerdings ablehnte, und auch alle anderen Verlage sagten ihm ab. Erst nach einiger Zeit kam Hans Ernst dahinter, dass die Absagen wohl daher rührten, dass er ein

Foto aus jüngeren Jahren

handschriftlich verfasstes Manuskript eingesandt hatte, denn inzwischen wurden nur noch mit Schreibmaschine getippte Texte angenommen. Dies sollte nun zu einem Problem für den hoffnungsvollen Schriftsteller werden, da Hans Ernst noch keine Schreibmaschine besaß!

Schließlich wurde das Erstlingswerk doch vom Herold Verlag angenommen. Der bayerische Dialekt sollte jedoch stark abgemildert werden, da er nicht überall verständlich sei. Geplant waren Abdrucke in Zeitungen und Zeitschriften, später sollte eine Buchausgabe folgen. Letzteres wurde vom Herold Verlag allerdings nie verwirklicht. Der Erstabdruck des Romans war aber immerhin in der Eichstätter Zeitung zu finden, und kurz darauf auch in einer Rosenheimer Zeitung.

Der junge Autor aber war auf diesen ersten Erfolg sehr stolz: Er fühlte sich bestätigt und angespornt, einen zweiten Roman zu schreiben.

In diesem zweiten Roman fungierte Mizzi Müller als Vorbild für die weibliche Hauptfigur. Privat kam es jedoch zur plötzlichen Trennung von Mizzi, denn im Juli 1932 machte das Theater aufgrund der schlechten wirtschaftlichen Lage pleite, die Theatergruppe löste sich auf, und auch von Mizzi hörte Hans Ernst nichts mehr. Letzteres kam wohl in erster Linie auf Betreiben ihres Vaters Bruno Müller zu Stande, der stets gegen eine Verbindung seiner Tochter mit einem kleinen, mittellosen Schauspieler gewesen war.

Literarische Vorbilder

Sein erstes Buch bekam Hans Ernst als Junge von Wurzi, seiner kleinen Freundin aus der Nachbarschaft, geschenkt. Sie verehrte ihm den Roman *Untreu* von Hedwig Courths-Mahler, den sie mit Begeisterung gelesen hatte.

Auch Hans Ernst war so ergriffen, dass er sich sofort in die Leihbücherei aufmachte, um sich alle weiteren Romane dieser Autorin zu besorgen. Damals konnte man ein Buch noch für fünf Pfennige entleihen, und der Junge, der jetzt ganz vom Lesefieber erfasst war, machte von nun an davon ausgiebig Gebrauch.

Diese erste Begegnung mit der Literatur musste bei dem Buben einen so großen Eindruck hinterlassen haben, dass seine Lesebegeisterung fortan kaum mehr zu bremsen war. »Ich fraß die Bücher direkt und hatte tiefes Mitleid mit den armen Dienstmädchen, denen es genauso schlecht ging wie mir«, berichtet er über die Lektüre der Courths-Mahler-Romane.

Später, als Hans Ernst längst selbst zur Schriftstellerei gefunden hatte, begegnete er der Autorin persönlich, und er schwärmt in seiner Biografie von ihr: »Man mag über den Wert oder Unwert ihres Schaffens schreiben, was man will, für mich ist sie eine jener großen Frauen, die selber nichts aus sich machen und doch eine Welt bewegen.«

Dass dies tatsächlich in Form von Literatur möglich war, wurde Hans Ernst insbesondere durch die Lektüre eines Romanes von Ludwig Ganghofer deutlich, und so schreibt er in *Die Hand am Pflug* über seine erste literarische Begegnung mit diesem Schriftsteller: »Damals las ich gerade den *Jäger von Fall* ... Ich habe das Buch nicht verschlungen, sondern erlebt, und begriff zum ersten Mal, dass sich einem mit einem Buch Welten eröffnen können.«

Der übergroße Wunsch, selbst zu schreiben, erwachte in Hans Ernst aber vor allem durch den bewegenden Roman *Zwei Menschen* von Richard

Die bayerische Schriftstellerin Lena Christ

Voß. »Ich fand darin so viel Verwandtes mit meinem Schmerz und litt mit Judith Plattner und Junker Rochus. Ein glühendes Verlangen erfüllte mich, auch etwas zu schreiben, das die Seelen mit Sehnsucht erfüllt und die Herzen erwärmt und froh macht«, berichtet er enthusiastisch.

Sucht man nach literarischen Vorbildern, die Hans Ernst begeisterten und bewegten, so ist sicherlich auch Lena Christ zu nennen. Für ihre Werke hegte der Schriftsteller stets größten Respekt. Doch nicht nur eine gemeinsame literarische Tradition verband ihn mit der bayerischen Autorin, sondern auch die kleine Stadt Glonn als gemeinsame Lebens- und Wirkungsstätte. Hatte doch auch Lena Christ einen Großteil ihres harten und entbehrungsreichen Lebens hier zugebracht. Als sich Hans Ernst bereits selbst an seine ersten literarischen Versuche machte, ging er in Glonn – so ist in *Die Hand am Pflug* nachzulesen – »nicht mehr so teilnahmslos an den Dingen vorüber, vor allem auch nicht mehr an Lena Christs Geburtshaus. Aber der Spruch ›In diesem Hause ist geboren worden Lena Christ‹ störte mich ein wenig. Konnte man denn da nichts Sinnvolleres finden? Heute hat man es gefunden. Klar und deutlich steht es heute auf einer Tafel am Haus, dass hier eine der größten Dichterinnen geboren wurde.« Denn, so schreibt er weiter, er war stets aufs Neue »betroffen von der ungeheueren Kraft und Schönheit ihrer Sprache. Das war alles so tief erschaut und erlebt.«

Endlich eine Heimat

Nach Auflösung des Oberbayerischen Bauerntheaters beschloss Hans Ernst nach Glonn zurückzukehren: »Hier war ich nun also wieder in meinem unvergessenen Glonn. Der Marktplatz hatte sich nicht verändert. Die stille Verträumtheit des Ortes nahm mich wieder auf wie einen verlorenen Sohn«, beschreibt er in *Die Hand am Pflug* seine Ankunft.

Kaum angekommen, wandte er sich wieder seiner Passion, der Schauspielerei, zu und gründete erneut eine Theatergruppe, deren erstes Stück *Almenrausch und Edelweiß* rasch zur Aufführung kam.

Schon bald jedoch musste sich Hans Ernst entscheiden, wie er seine berufliche Zukunft gestalten wollte. Sollte er weiterhin Schauspieler bleiben oder konnte er es wagen, sich ganz der Schriftstellerei zu widmen? Der Inhaber des Herold Verlages, Ernst Geyer, leistete zu dieser Entscheidung den richtungsweisenden Beitrag: Er schenkte Hans Ernst seine erste Schreibmaschine, eine »Mignon«. Damit waren die Weichen gestellt für die weitere Karriere des jungen Autors, und er tippte nun mit großem Eifer an seinem dritten Roman *Die Wildreuterin*.

Anfang Januar 1933 fasste Hans Ernst den Beschluss, zusammen mit einem früheren Schauspie-

Abstieg von der Schuhbräualm

lerkollegen, dem befreundeten Wolfgang Wirth, ein Theaterstück zu konzipieren. Zu diesem Zweck zog er vorübergehend nach Kolbermoor bei Rosenheim, dem Wohnort des Freundes. Das dabei entstandene Theaterstück *Almfrieden* brachte es in Kolbermoor und Umgebung zu einem so großen Erfolg, dass Hans Ernst, davon inspiriert, sich daran machte, seinen ersten Roman *Das verlorene Glück* ebenfalls zu einem Bühnenstück umzuarbeiten. Auch die Uraufführung dieses Stücks wurde von der Kolbermoorer Bevölkerung gefeiert, sodass Hans Ernst sich allmählich in ihre Gemeinschaft aufgenommen und, wie es in seiner Autobiografie heißt, als »einer der ihren« fühlte.

Finanziell hatte er jedoch zunehmend Probleme, denn von der Schriftstellerei allein konnte er zunächst nicht leben, da sein Name noch nicht etabliert und bekannt genug war. Und gerade deshalb arbeitete er wie ein Besessener weiter. Um seine Romane authentischer zu gestalten, besuchte er nun eine Almhütte. Hier, auf der Schuhbräualm, wollte er das Leben der Sennerinnen und Jäger näher kennen lernen, damit er zukünftig seine in der Bergwelt angesiedelten Geschichten mit einem realistischeren Hintergrund ausstatten konnte.

Mit der Sennerin, der Schuhbräukath, schloss er schon bald Freundschaft. Bei ihr fand er Ruhe und Frieden zum Schreiben, und es kam so manches Mal vor, dass Hans Ernst sogar für zwei Wochen oder länger auf der Schuhbräualm weilte, um zu schreiben oder auch, um mit Jägern und Bauern zusammenzutreffen. Vielleicht – so vermutet er in *Die Hand am Pflug* – hatte unter ihnen sogar manch heimlicher Wilderer mit am Tisch gesessen. Zwinkerte ihm doch die Kathl gelegentlich zu, was so viel heißen sollte wie »der ist auch schon nausgangen«.

Was er hier hörte und erfuhr, baute er dann des Öfteren in seine Romane ein. Und auch der Schuhbräukath setzte er mit seinem Roman *Monika* ein literarisches Denkmal, denn sie nahm er sich für seine Titelheldin zum Vorbild.

Vor *Monika* war noch der Roman *Wo die Bergtannen rauschen* erschienen, und langsam trug die schriftstellerische Arbeit des jungen Autors Früchte: Hans Ernst hatte endlich sein finanzielles Auskommen.

Eine »herrliche, unbekümmerte Zeit« – so formuliert er es in seiner Biografie – begann. Er konnte ganz nach seiner Fasson leben und war niemandem Rechenschaft schuldig. Vor allem aber gewann er während dieser glücklichen Zeit viele neue Freunde. Zeit seines Lebens bemühte sich Hans Ernst aufrichtig um die Pflege alter Freundschaftsbande, denn er erachtete Freundschaft als etwas sehr Wertvolles. So hat er auch mit seinen Gefährten aus der Kindheit, Wiggerl und Wurzi, lange Kontakt gehalten.

Die Liebe fürs Leben

Der Manz Verlag in München wollte nun eine Serie mit Heimatromanen von Hans Ernst starten. Endlich sollte der Autor eine Buchausgabe seiner Romane erhalten, denn bisher gab es ja nur Veröffentlichungen in Zeitungen und Zeitschriften.

Die Zusammenarbeit mit seinem bisherigen Verlag wurde indessen abgebrochen, da Hans Ernst durch Zufall dahinter kam, dass ihm Honorarzahlungen unterschlagen worden waren.

Schon bald war ein neuer Roman begonnen: *Das Geheimnis der Sennerin*. Die Fertigstellung ließ nicht lange auf sich warten, und gleich darauf machte sich Hans Ernst an den Roman *Wo die Heimatglocken läuten*. Es wurde immer deutlicher, dass Schreiben für ihn jetzt zu einer wahren Leidenschaft geworden war. Hans Ernst dazu in seiner Autobiografie: »Über meinen früheren Arbeiten lag noch die Unbekümmertheit der Jugend. Jetzt aber erfasste ich allmählich den wirklichen Sinn des Schreibens. Nur Einfältige denken, dass man allein um der Eitelkeit, des Ruhmes oder des Geldes wegen schreibt. Natürlich wird sich das eines Tages lohnend niederschlagen, aber wenn man die Begabung in sich spürt, denkt man nicht an Ruhm und Geld. Da denkt man auch an die, die es einmal lesen, selbst in fernen Jahren noch, wenn man selber nicht mehr ist. Man denkt daran, dass sich der

Leser daran erfreuen könnte, wenn er betrübten Herzens ist. Freude will man schenken, sonst nichts. Glücklich der, der es auf diese Weise kann.«

Die neu erwachte Arbeitslust erstreckte sich auch auf das Theater. Hans Ernst betreute inzwischen mehrere Laienspielgruppen in der Gegend um Glonn und wurde daher während der Zeit des Nationalsozialismus zum Kreislaienspielwart ernannt.

Als schließlich die erste Buchausgabe eines seiner Romane, *Das Geheimnis der Sennerin*, vor ihm lag, war das für Hans Ernst ein bewegender Augenblick. Mit neuem Eifer machte er sich gleich an einen weiteren Roman, der *Die Tannhoferbuben* heißen sollte.

In Glonn selbst hatte der Schriftsteller sich eine gemütliche Bleibe geschaffen, und um in aller Ruhe an seinen Geschichten schreiben zu können, richtete er sich eine kleine Ecke in seiner Mansardenwohnung als Arbeitszimmer ein. Er war mittlerweile recht zufrieden mit der Entwicklung, die sein Leben genommen hatte, und auch in Liebesdingen sollte Hans Ernst jetzt endlich sein Glück finden.

Schon vor einiger Zeit hatte er in Kolbermoor bei einem Sportfest eine junge Vierhundertmeterläuferin kennen gelernt, jene Helene Klaus, mit der er später noch einmal zufällig auf der Straße zusammentraf. Beides waren nur flüchtige Begegnungen, hinterließen bei ihm jedoch einen bleibenden Eindruck.

Auf einem Volksfest in Kolbermoor sahen sich die beiden dann wieder und entdeckten während eines angeregten Gespräches viele Gemeinsamkeiten. Sie beschlossen, ab und zu einmal etwas zusammen zu unternehmen, und bereits nach kurzer Zeit häuften sich ihre gegenseitigen Besuche. Schließlich wurde aus der anfänglichen Sympathie die große Liebe.

Hans Ernst in oberbayerischer Tracht

Helene Ernst,
geborene Klaus
(geb. 1908)

Hans Ernst schätzte an der schwarzhaarigen jungen Frau besonders ihre Natürlichkeit und Unkompliziertheit. Der Kosename »'s Hellei«, den er ihr damals gab, blieb ihr bis an ihr Lebensende: »Sie hieß Helene, und an ihrem ganzen Wesen gemessen, erschienen mir die üblichen Kosenamen recht kindisch. Trotzdem suchte ich nach einem und nannte sie dann Geißlein. So wurde sie dann von all meinen Freunden gerufen. Als mich aber einmal jemand fragte, ob Geißlein vielleicht gleichbedeutend sei mit Ziege, da baute ich diesen Kosenamen rasch wieder ab und nannte sie Hellei. Das kam ihrem Namen Helene ziemlich gleich, und wenn es richtig ausgesprochen wird, klingt es hell und zärtlich«, erzählt der Autor in *Die Hand am Pflug*.

Eine rasche Heirat und ein Hausbau waren geplant. Das passende Grundstück dazu wurde dem Paar von Hans Ernsts zukünftigem Schwiegervater übertragen. Doch durch den Kriegsbeginn im September 1939 kam es zunächst nicht dazu. »Mein Traum vom Hausbau«, so Hans Ernst in seiner Autobiografie, »war zu Ende.«

In Glonn wurde er der Polizei als Gendarm zugeteilt, und obwohl durch den Kriegsausbruch der Bau des geplanten Eigenheims gestoppt werden musste, konnte doch am 2. Dezember 1939 zumindest die Hochzeit in einem bescheidenen Rahmen stattfinden. Anstelle des eigenen Hauses in Kolbermoor sollte nun die Mansardenwohnung in Glonn ausgebaut werden, um den frisch Vermählten ein erstes gemeinsames Zuhause zu geben.

In den Abendstunden, nach dem Dienst als Gendarm, schrieb Hans Ernst weiterhin an seinen Romanen: *Die Sennerin von der Bründlalm* entstand. Aber der Krieg wirkte sich nun auch auf die Verlagsbranche aus, sodass dem Manz Verlag als rein katholischem Verlag das Papierkontingent gestrichen wurde und er gezwungen war, seine Buchproduktion einzustellen. Dies bedeutete vorerst das Aus für die Veröffentlichung von Hans-Ernst-Romanen.

Der Heimatschriftsteller war zwischenzeitlich als Schreibkraft zur Wehrmacht nach Ebersberg abkommandiert worden. Während dieser Ebers-

Frühe Buchausgabe eines der vielen Hans-Ernst-Romane

berger Zeit kam es zu einem schweren Motorradunfall, der Hans Ernst beinahe das Leben gekostet hätte. Lange hatte er im Krankenhaus auf der Intensivstation zu liegen, bis die Ärzte befanden, er sei nun außer Lebensgefahr. In den langen, einsamen Stunden seines Krankenhausaufenthalts blieb dem Autor viel Zeit zum Nachdenken, wobei er den Entschluss fasste, seine unglückliche Frau zu überreden, ein Kind anzunehmen.

Helene Ernst hatte schon mehrere Ärzte aufgesucht, und alle attestierten ihr, sie könne keine Kinder bekommen. Doch Helene wehrte sich gegen den Vorschlag ihres Mannes. Sie wollte unbedingt ein eigenes Kind, mit dem Gedanken an eine Adoption konnte sie sich nicht anfreunden.

Indessen rückte der Krieg immer näher an die Heimat heran, München erbebte unter den Luftangriffen. Hans Ernst machte sich wie viele Menschen in dieser Notzeit große Sorgen um seine berufliche Zukunft. Die Ungewissheit lastete schwer auf seiner Seele, hatte er doch inzwischen nicht mehr nur für sich selbst zu sorgen, sondern auch für seine Frau und, so Gott wollte, auch bald für Kinder.

Vaterfreuden

Bei einem befreundeten Maurermeister hatte eine junge Frau ihre kleine Tochter für ein paar Wochen in Pflege gegeben, doch die mittellose und allein stehende Mutter kam nicht zurück. Nun suchte der Maurer für das zurückgelassene Mädchen ein gutes Zuhause, wobei er sofort an das Ehepaar Ernst dachte, von dessen Kinderlosigkeit er gehört hatte.

Helene hatte zunächst noch Bedenken, doch als sie die kleine Gerda zum ersten Mal erblickte, drückte sie das Kind gleich an sich und wollte es nie wieder hergeben.

Gerdas Erstkommunion

Haus von Hans Ernst in Kolbermoor

Der Heimatschriftsteller widmete seiner Tochter Gerda später den Roman *Daheim im Hügelhaus*, in dem er ihre Lebensgeschichte erzählt.

Das Kriegsende war gekommen, und Hans Ernst hatte noch bis zum 30. Juni 1945 für die amerikanische Besatzungsmacht Dienst zu tun, dann wurde er ordnungsgemäß entlassen.

Die deutsche Bevölkerung war von schweren Sorgen und Ängsten geplagt und hatte noch immer unter großer Not und Hunger zu leiden. So ist es nur allzu verständlich, dass in dieser von Leid und Elend geprägten Zeit kein Interesse an Büchern bestand. Längst wurden in den Zeitungen keine Romane mehr abgedruckt, Buchverlage mussten Veröffentlichungen ohnehin einstellen.

Hans und Helene Ernst mit Sohn Hans Peter

9. November 1954, der 50. Geburtstag von Hans Ernst

Hans Ernst, der stolze Vater

Dem Schriftsteller Hans Ernst wurde dadurch die Existenzgrundlage entzogen.

Um seine Familie zu ernähren und den inzwischen begonnenen Hausbau zu finanzieren, war er gezwungen, vorübergehend wieder als Knecht zu arbeiten. Das Haus baute er selbst gemeinsam mit Freunden in Eigenregie, und am 15. Dezember 1945 konnte die kleine Familie ihr neues Heim beziehen.

Die anhaltende finanzielle Not aber bedrückte Hans Ernst als Ernährer der Familie sehr, denn er hatte noch immer keinen Verlag aufgetan, der Hans-Ernst-Romane veröffentlichen wollte und konnte. So hatte auch das neueste Werk des Autors vorerst keinen Verleger, lediglich eine Schweizer Zeitung druckte seine Romane ab und schickte Care-Pakete als Honorar.

Helene Ernst suchte indessen noch immer verschiedene Gynäkologen auf, und nach einem kleineren Eingriff konnte sie endlich selbst Mutterfreuden entgegen sehen.

Als am 10. August 1947 ihr Kind, ein Junge, geboren wurde, durfte es allerdings nur einige Minuten am Leben bleiben. Die Hebamme hatte es nicht geschafft, unmittelbar nach der Geburt die dreimal um den Hals des Kindes geschlungene Nabelschnur zu entfernen, und das Baby musste ersticken.

Zwei Jahre später aber, am 16. November 1949, erblickte Sohn Hans Peter zur unermesslichen Freude der gesamten Familie das Licht der Welt.

Als Schriftsteller etabliert

Hans Ernst schrieb weiter fleißig an seinen Romanen, doch zu Hause mit den Kindern wurde es ihm langsam zu unruhig. Er suchte Ruhe und Muße in der Natur. So wanderte er gerne auf die Schlipfgrubalm, wo unter anderem das Theaterstück *Der Schandfleck von Tulling* und die Notizen zu dem Roman *Der Weg zum neuen Leben* entstanden.

Und endlich konnte der Manz Verlag wieder die alten Romane von Hans Ernst auflegen sowie seine neuen Bücher veröffentlichen. Die Romane *Das Tal der sieben Sünden*, *Auf Umwegen zum Glück*, *Das Glück auf dem Berghammerhof*, *Johanna und*

Hans Ernst und sein erstes Auto

Theateraufführung des auf der Schlipfgrubalm entstandenen Stückes

Vor der Hütte in Bad Feilnbach

Andreas, *Schatten die verdämmern* und viele mehr entstanden in rascher Folge und wurden sogleich publiziert.

Auch das erste Auto konnte jetzt angeschafft werden. Stolz führte Hans Ernst seiner Familie einen gebrauchten DKW vor. Aber dabei blieb es nicht, der Schriftsteller konnte sich jetzt sogar seine eigene Waldhütte leisten. In der Folgezeit schrieb er seine Romane nun regelmäßig in diesem Idyll bei Bad Feilnbach.

Längst konnte die gesamte Familie vom Erlös der Romane leben, zumal auch die Zusammenarbeit mit dem neuen Verleger Alfred Förg, der gerade das Rosenheimer Verlagshaus – vormals Meister Verlag – neu aufbaute, sich erfolgreich entwickelte.

Lebensabend

Die Jahre vergingen, die Kinder wuchsen heran, heirateten und verließen das Elternhaus. Und schon bald hielt mit Gerdas kleinem Sohn das erste Enkelkind Einzug in den Kreis der Familie.

In den letzten 30 Jahren seines Lebens widmete sich Hans Ernst ganz dem Schreiben seiner Romane. Die Liebe zur Schriftstellerei bestimmte seinen Lebensweg.

Familie Ernst (Hans Ernst, Sohn Hans Peter, Helene Ernst und Tochter Gerda mit ihren beiden Kindern)

Unterbrochen wurde seine emsige Produktivität lediglich von »Studienreisen«, wie er seine Aufenthalte in Kärnten, Südtirol und der Schweiz gerne nannte. Dabei beschäftigte sich der Schriftsteller intensiv mit Land und Leuten, um für seine Romane Hintergrundwissen zu sammeln.

Es kam aber auch manchmal vor, dass er diese so genannten Studienreisen als Vorwand benutzte, um von daheim zu fliehen. Dies geschah immer dann, wenn seine Frau wieder einmal Umbauten am Haus ankündigte. Die dabei entstehende Unruhe und der Baulärm würden ohnehin seine Arbeit beeinträchtigen, da wollte er lieber Recherchen für seine Geschichten anstellen.

1966 waren umfangreiche Umbauten am Haus vorgenommen worden, doch Helene Ernst war auch später immer wieder damit beschäftigt, ihr Heim auszubauen und zu verschönern. Wurde doch die Familie immer größer, da inzwischen auch drei Enkelkinder das Glück des Ehepaares Ernst vollständig machten.

Einen großen Teil der Freizeit des Heimatschriftstellers beanspruchte seine rege Tätigkeit in Vereinen. In mehreren war er Vorstandsmitglied und übernahm zum Teil auch das Amt des Schriftführers.

Unermüdlich engagierte er sich vor allem für den Trachtenverein »Immergrün«: Er führte begeistert Regie und brillierte in verschiedenen Rollen, denn bis zuletzt blieb die Theaterbühne neben der Schriftstellerei seine zweite große Leidenschaft.

Luis Trenker mit Hans Ernst

Eine besondere Bedeutung aber hatte für den Autor stets der Kontakt zu seinen zahlreichen Freunden und Bekannten. Deshalb zählten gegenseitige Kaffeebesuche bald zu den lieb gewonnenen Gewohnheiten im Leben der Familie Ernst.

Zu seinem 60. Geburtstag brachte der Heimatschriftsteller seinen 80. Roman, *Aus jedem Dunkel steigt ein Licht*, heraus, und es sollten auch jetzt noch viele folgen.

Bis zu seinem Tod schuf Hans Ernst insgesamt 116 Romane, vier Theaterstücke und zahlreiche Kurzgeschichten. Sein Roman *Im Herbst verblühen die Rosen* wurde 1957 unter der Regie von Luis Trenker mit dem Titel *Wetterleuchten um Maria* verfilmt. Marianne Hold, Bert Fortell, Wolf Albach-Retty und die junge Ruth Kappelsberger standen dafür vor der Kamera. Gedreht wurde vor dem Hintergrund des Wilden Kaisers, in Kitzbühel und auf der Griesenalm.

Als Ehrung erhielt der beliebte Schriftsteller 1967 die Bürgermedaille von Kolbermoor und im Dezember 1979 das Ehrenbürgerrecht der Stadt Kolbermoor. Anlässlich der Auszeichnung mit dem Ehrenteller des Bayerischen Staatsministeriums für Ernährung, Landwirtschaft und Forsten betonte der Laudator, der damalige Staatsminister Dr. Hans Eisenmann, Hans Ernst habe mit seinen Romanen den bäuerlichen, einfachen Menschen des bayerischen Oberlandes ein literarisches Denkmal gesetzt.

Verleihung der Silbernen Rose des Rosenheimer Verlagshauses

Zudem wurde der Autor mit der Litera-Medaille geehrt und erhielt als Erster die Silberne Rose des Rosenheimer Verlagshauses. Diese wurde an Personen verliehen, die Herausragendes leisteten für Literatur, Volkskunst und Brauchtum des Bayerischen Landes.

Der Kolbermoorer Trachtenverein »Immergrün« führte Hans Ernst als Ehrenmitglied, und postum konnte dem Schriftsteller im Mai 1985 ein schönes Denkmal gesetzt werden, indem eine Straße am südlichen Stadtrand von Kolbermoor nach ihm benannt wurde.

Mittlerweile sind Hans-Ernst-Anhänger nicht nur im deutschsprachigen Raum, sondern überall auf

Hans Ernst mit Frau Helene beim Signieren seiner Bücher

der Welt zu finden, so beispielsweise sogar in Afrika und Südamerika.

Seinen großen Erfolg verdankt der Heimatschriftsteller sicher nicht zuletzt seinem liebenswürdigen Wesen, seiner Freundlichkeit und Heiterkeit. In seinen Romanfiguren werden diese Charakterzüge für jeden Leser immer wieder sichtbar.

Das wichtigste literarische Anliegen war dem Autor jedoch, den Lesern eine Freude zu machen. Seine Geschichten um Liebe und Leid in den Bergen finden darum auch meist ein glückliches Ende. Trotzdem versuchte Hans Ernst nie zu idealisieren, denn er kannte ja aus eigener Erfahrung alle Höhen und Tiefen des Lebens sehr genau. In seinen Romanen erzählt er deshalb nicht nur vom reinen

Autogrammstunde

Idyll der Berge und Wälder, seine Romanfiguren haben sich stets der harten Realität des Lebens und ihrem Schicksal zu stellen.

Heute wird Hans Ernsts Autobiografie *Die Hand am Pflug*, erschienen 1973, oftmals als das beste Buch des Schriftstellers bezeichnet, weil er darin, auf der Höhe seines Schaffens, in einer kraftvollen und realitätsnahen Darstellung dem Leser einen Einblick in sein schicksalsreiches Leben gewährt. Vollzieht man anhand dieses Buches den Lebensweg des Autors nach, wird verständlich, warum Hans Ernst zu einem der beliebtesten Heimatschriftsteller geworden ist. Denn sicherlich formten und prägten ihn die Leiden seiner Kindheit und die misslichen Umstände seines frühen

Erwachsenendaseins. So konnte er zu einem Schriftsteller reifen, der den menschlichen Schwächen stets Verständnis und Nachsicht entgegenbrachte, und der die wunderbare Fähigkeit besaß, seine Romanfiguren in Menschen aus Fleisch und Blut zu verwandeln.

Seinen 75. Geburtstag feierte Hans Ernst im großen Rahmen in der Luitpoldhalle in Rosenheim. Einer der Laudatoren war der Volksschauspieler Georg Lohmeier, der ein wahres Loblied auf den Autor sang: Hans Ernst sei kein Vielschreiber oder Allerweltsdichter, da er immer seiner bäuerlichen

Feier zum 75. Geburtstag

Verleger Alfred Förg und Hans Ernst

Heimat treu bleibe – und das, ohne aufzustampfen, ohne Überheblichkeit und ohne Kulturgeschwätz. Denn Hans Ernst wisse, worauf es ankomme in der Kunst, nämlich auf die Charakterisierung von Menschen. Er besitze zudem die Gabe, mit nur einem einzigen Satz jede gewünschte Stimmung herbeizuzaubern. Oftmals, so Georg Lohmeier weiter, sei die »Hans-Ernst-Wirklichkeit« schicksalsbeladen, aber immer auch trostreich und ein bisschen humorig dazu. Deshalb ist Lohmeier zutiefst davon überzeugt, dass die Romane des Hans Ernst gesellschaftlich sehr wohl relevant seien, auch wenn sie eine bessere Welt weniger durch Revolution als durch Tröstung und innere Herzensgüte in jedem Einzelnen gestalten wollten.

Insgesamt, so ist auf den letzten Seiten in *Die Hand am Pflug* zu lesen, konnte Hans Ernst auf ein »erfülltes Leben« zurückblicken.

Seine Devise »Heimat ist Friede« ließ der Schriftsteller an seine Hauswand malen – und wie es scheint, behielt dieser Wahlspruch für Hans Ernst zeitlebens seine Bedeutung, denn er führte zusammen mit seiner Familie ein Leben in Glück und Zufriedenheit.

Als jedoch seine geliebte Frau Helene am 19. Januar 1981 aus dem Leben schied, ging für Hans Ernst ein großes Stück dieses Glücks verloren. Unter dem Verlust litt er unaussprechlich, hatte nur mehr wenig Appetit, und auch zum Schreiben fehlten ihm die rechte Muse und Inspiration.

Der Tod des bekannten Heimatschriftstellers kam überraschend. Hans Ernst musste sich wegen einer Darmerkrankung operieren lassen, dass er aber an dieser Operation sterben würde, hatte niemand erwartet.

Nach drei Tagen, am 30. August 1984, kurz vor seinem 80. Geburtstag, verschied er im Krankenhaus Rosenheim. Zu seiner Beerdigung kam eine große Zahl von Trauergästen zusammen und nahm am Gottesdienst in der Pfarrkirche Wiederkunft Christi teil. Anschließend fand die feierliche Beisetzung des beliebten Schriftstellers auf dem Kolbermoorer Friedhof statt. Als letzte Ehrung hallten drei Böllerschüsse durch die kleine Stadt, die ihm zur Heimat geworden war.

Vor seinem Haus in Kolbermoor

Und das ist auf seinem Grabstein zu lesen: »Es war schön, gelebt zu haben.«

Hans Ernst in seinem »Dichterstüberl«

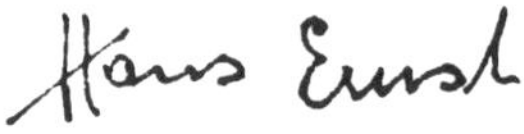

P. Engelbert Recktenwald

DIE HERZ-JESU-THRONERHEBUNG

Herausgegeben vom
Priesterseminar St. Petrus
Wigratzbad

1. Auflage (1. - 17. Tausend) November 1995
2. Auflage (17. - 25. Tausend) Juni 1996
3. Auflage (26. - 75. Tausend) November 2010

Druck: Schmid-Fehr AG, Goldach

Inhalt

P. Mateo, der Begründer

Am 24. August 1907 kniete vor dem Altar der Erscheinungskapelle in Paray-le-Monial ein peruanischer Priester und betete. Sein Name war P. Mateo Crawley-Boevey SSCC. Er war von seinen Oberen auf eine Erholungsreise nach Europa geschickt worden, weil er schwer erkrankt war und die Ärzte ihm nicht mehr weiterhelfen konnten. Hier in Paray-le-Monial wurde er plötzlich von einer doppelten Erschütterung getroffen: Es wurde ihm auf einen Schlag die Gesundheit wiedergeschenkt, gleichzeitig wurde er, wie er selber später schrieb, von einem „sehr heftigen und unendlich sanften Strahl der Gnade getroffen", der ihn über den Plan Gottes mit ihm erleuchtete: „In Anbetung und Danksagung versunken, begriff ich, was der Herr von mir wollte. An diesem Abend faßte ich den Entschluß, die Welt, Haus um Haus, Familie um Familie dem Herzen Jesu zurückzugewinnen."

Wer war P. Mateo? P. Mateo wurde am 18. November 1875 in Arequipa, Peru, geboren und auf den Namen Eduard getauft. Mit fünfzehn Jahren trat er der „Kongregation von den Heiligsten Herzen Jesu und Mariä" bei. Am 11. September 1892 legte er in Valparaiso seine Profeß ab, am 17. Dezember 1898 wurde er in Santiago de Chile zum Priester geweiht. Sein erstes Betätigungsfeld als Priester war ein

Sozialzentrum in Valparaiso, dessem Ausbau er sich mit allen Kräften widmete. Als am 16. August 1906 ein schweres Erdbeben Chile heimsuchte, verausgabte sich P. Mateo in der Linderung der entstandenen Not so sehr, daß es zu dem schweren körperlichen Zusammenbruch kam, der die schon erwähnte Erholungsreise notwendig machte.
Der Ort, an dem P. Mateo seine Sendung empfing, war nicht von ungefähr Paray-le-Monial. Hier hatte über 200 Jahre zuvor die hl. Margareta Maria Alacoque (1647-1690) die vier großen Herz-Jesu-Visionen empfangen, die den Siegeszug der Herz-Jesu-Verehrung in der Kirche auslösten. Um den kirchlichen Segen für sein geplantes Werk zu empfangen, wandte sich P. Mateo mit Erlaubnis seiner Oberen nach Rom, wo er vom hl. Papst Pius X. in Privataudienz empfangen wurde. Die päpstliche Bestätigung und Ermunterung war über alles Erwarten eindeutig und herzlich: „Ich erlaube Ihnen nicht nur, ich befehle Ihnen, Ihr Leben diesem Werk zu weihen. Es ist ein wundervolles Werk."
1908 kehrt P. Mateo nach Chile zurück. Er gibt eine Broschüre „Feierliche Weihe" heraus, um sein Werk bekanntzumachen. Bei einzelnen Familien beginnt er, die Herz-Jesu-Thronerhebung vorzunehmen. Unterstützung von Seiten der Bischöfe hat er zunächst keine. P. Mateo gründet ein bescheidenes Sekretariat, um Broschüren und Flugblätter zu

drucken und zu verbreiten. Seine ersten Mitarbeiter sind zwei Mädchen im Alter von acht bis zehn Jahren, die Hunderte von Briefen in alle Welt verschicken, um das Werk bekanntzumachen. Ein Adressat ist z.B. der Bischof von Tokio. Er ist begeistert. In der Meinung, es mit einer hohen Dame zu tun zu haben, antwortet er: „Frau Gräfin! Wie gut ist das Werk, von dem Sie mir berichten. Im Namen aller meiner Missionare und aller meiner Christen danke ich Euer Exzellenz, mich darauf aufmerksam gemacht zu haben. Wir haben bereits die Inthronisation begonnen und ich hoffe, daß sie bald in allen unseren christlichen Familien geschehen wird."

Die Oberen geben P. Mateo die Erlaubnis, die monatlich erscheinende Ordenszeitschrift in den Dienst seines Werkes zu stellen. Außerdem macht P. Mateo auf ausgedehnten Predigtreisen sein Werk bekannt. Der Erfolg ist unglaublich: nach drei Jahren kann P. Mateo bereits auf 120.000 Herz-Jesu-Thronerhebungen zurückblicken. Ihre Früchte: plötzliche Bekehrungen, Rückkehr von Friede und Eintracht in die Familien, Erwachen von Priester- und Ordensberufungen. Nun sind auch die Bischöfe begeistert und fördern die Herz-Jesu-Thronerhebung. Ein Bischof schreibt P. Mateo über seine Erfahrungen mit ihr: „Hochwürdiger Pater, was ich gesehen habe, ist nicht nur die Wiedererweckung eines Toten, sondern die eines ganzen Friedhofs."

Das Apostolat weitet sich aus: zunächst über Südamerika, dann Nordamerika. 1914 folgt der Sprung nach Europa. Während sich P. Mateo auf hoher See befindet, bricht der erste Weltkrieg aus. Die Schicksalsschläge, die der Krieg mit sich bringt, öffnen nur um so mehr die Herzen der Menschen der trostvollen Botschaft, die ihnen P. Mateo über die Liebe des Erlösers zu verkünden hat. Doch ein anderes Ereignis kommt dazwischen: Am 20. August stirbt Pius X. Sein Nachfolger besteigt am 3. September als Benedikt XV. den päpstlichen Thron. P. Mateos erste Sorge ist es, auch vom neuen Papst den kirchlichen Segen zu empfangen. Am 6. April 1915 erhält er eine Privataudienz, in welcher er dem Papst ausführlich sein Werk vorstellt. Der Papst antwortet mit einem eigenhändig verfaßten Antwortschreiben an P. Mateo, das zur Magna Charta der Herz-Jesu-Thronerhebung geworden ist (ungekürzt wiedergegeben im Anhang dieser Broschüre). Der Papst stellt den Wert der Herz-Jesu-Thronerhebung als Heilmittel für die Übel der Zeit heraus und fordert ganz entschieden seine Fortsetzung: „Setzen Sie Ihre Bemühungen und Ihr Apostolat fort, damit in den katholischen Familien die Flamme der Liebe zum heiligsten Herzen Jesu geweckt wird! Nichts ist zweckmäßiger für unsere Zeit als Ihr Unternehmen."

Von 1914 bis 1925 wirkt P. Mateo in Spanien, Frankreich, Holland, Schweiz, Italien, Belgien, England.

Er predigt bis zu acht Mal täglich. 1922 besteigt Pius XI. den päpstlichen Thron. Auch er fördert nach Kräften das Werk P. Mateos und schreibt diesem zu seinem silbernen Priesterjubiläum im Dezember 1923: „... Heute, wo sich alle Dinge in Umwälzung befinden, ist es notwendiger denn je, daß durch die dem Herzen Jesu geweihten Familien Jesus Christus, der König des Friedens, über der menschlichen Gesellschaft herrscht, denn Er allein ist auch für unsere Zeit der Weg, die Wahrheit und das Leben."

P. Mateo hält immer mehr Einkehrtage und Exerzitien, in denen er Mitarbeiter für das Apostolat der Herz-Jesu-Thronerhebung heranbildet. In Italien etwa gibt er innerhalb von knapp zwei Jahren 35 Exerzitienkurse für Priester und fünf für die Leiterinnen der katholischen Jugend. Dazu kommen Hilfsligen, die er in den Jahren zwischen 1928 und 1934 gründet: die „Liga der täglichen hl. Messe", die „Liga der täglichen Kommunion", die „Liga des Apostolats der religiösen Gemeinschaften für das Reich des göttlichen Herzens in den Familien und in der Gesellschaft" und die „Kinderliga". Diese Hilfsligen sollen das Apostolat durch Gebet und Opfer unterstützen.

1935 folgt - in direktem Auftrag von Papst Pius XI. - der Sprung nach Asien: Japan, China, Indien, die Südseeinseln. 1944 bis 1946 durchreist er Kanada. 1948 schreibt Pius XII. an P. Mateo einen Brief, in dem die Herz-Jesu-Thronerhebung wiederum aufs

wärmste empfohlen wird. Die Zahl der Familien, die sich feierlich dem heiligsten Herzen Jesu geweiht haben, ist in dieser Zeit weltweit auf viele Millionen angestiegen. Besonders eifrige Familien haben sich freiwillig zu einem zusätzlichen Werk verpflichtet: zur nächtlichen Sühneanbetung. Dabei wechseln sich die Familienmitglieder die ganze Nacht hindurch in der Anbetung ab. 1959 beträgt die Zahl der Familien mit Nachtanbetung weltweit eine Million.
P. Mateo stirbt am 4. Mai 1960, nachdem er sein Leben und seine Gesundheit ganz für die Verherrlichung des heiligsten Herzens Jesu verzehrt hat. Er verwirklichte, was er einmal geschrieben hat: „Wenn ich einmal nicht mehr predigen kann, werde ich schreiben, wenn ich nicht mehr schreiben kann, werde ich beten, wenn ich nicht mehr beten kann, werde ich immer noch lieben im Leiden und leiden in Liebe zum göttlichen Herzen Jesu."

Sinn und Bedeutung der Herz-Jesu-Thronerhebung

Die Herz-Jesu-Thronerhebung ist eine feierliche Form der Familienweihe. Im Rahmen eines kleinen Zeremoniells, bei dem normalerweise ein Priester anwesend ist, stellt der Hausvater ein Bild oder eine Statue des heiligsten Herzens Jesu auf dem Ehrenplatz

der Wohnung auf. Dadurch soll zum Ausdruck kommen, daß die Herrscherrechte Jesu Christi in Ehe und Familie anerkannt werden. Christus ist König. Sein Reich ist ein Reich der Liebe. Seine Liebe soll in der Familie herrschen. P. Mateo schreibt: „Man kann die Thronerhebung definieren als die offizielle und soziale Anerkennung der Herrschaft des Herzens Jesu über eine christliche Familie. Eine Anerkennung, bestätigt, sinnlich wahrnehmbar und dauernd gemacht durch die feierliche Anbringung des Bildes dieses göttlichen Herzens am Ehrenplatze im Hause und durch einen Akt der Weihe."

Das bedeutet auf Seiten der Familie das Versprechen, die christlichen Pflichten ernstzunehmen. Dazu gehört besonders das Streben, das Familienleben zu heiligen, nach den Geboten Gottes zu leben und sich dem Dienst der Liebe in heiligem Seeleneifer zu weihen. Pius XII. hat diesen Sinn der Weihe in seinem Brief von 1948 klar herausgestellt: „Für Uns wie für Unsere Vorgänger entspricht die Inthronisation Unseren teuersten Interessen. Wir wünschen sehnlichst, daß die dem Herzen Jesu Christi entspringende Liebe sowohl vom Privatleben der Menschen wie vom öffentlichen Leben der Völker wieder Besitz nehme. Eines jedoch wünschen Wir ganz besonders, was übrigens das Wichtigste am ganzen Werk ist, das Sie, P. Mateo, schon so lange und mit so viel Erfolg propagieren: daß sich die christlichen Familien dem

Herzen Jesu weihen, und zwar so, daß, nachdem sein Bild an der vornehmsten Stelle der Wohnung wie auf einem Thron aufgestellt worden ist, Jesus Christus, Unser Herr, sichtbar in der katholischen Familie herrscht. Diese Weihe ist nicht eine unnütze und sinnlose Zeremonie, sondern verlangt von allen und jedem ein Leben gemäß den christlichen Geboten..."

Konkret bedeutet die gelebte Weihe für die Familie:

1. Das Pflegen des gemeinschaftlichen Gebets, insbesondere des Tischgebets.
2. Hochschätzung des heiligen Meßopfers und treue Erfüllung der Sonntagspflicht.
3. Keine schlechten Bücher, Zeitungen und Zeitschriften im Haus.
4. Heilighaltung der Ehe (keine künstliche Empfängnisverhütung oder sonstiger Ehemißbrauch).

Das sind keine zusätzlichen Pflichten über jene hinaus, die man als Christ sowieso schon hat. Allerdings muß in der heutigen Zeit auf ein großes Hindernis für ein christliches Familienleben eigens hingewiesen werden: den Fernsehapparat. Heute ist er oft der Herrscher in der Familie. Gerade die kostbaren Abendstunden, die dem Familienleben, dem gemeinsamen Gebet, der geistlichen Lesung oder dem religiösen Gespräch gehören sollten, werden oft diesem modernen Götzen geopfert, ganz zu schweigen von den vielen unsittlichen oder glaubensfeindlichen Ausstrahlungen. Die Weihe an

das heiligste Herz Jesu verpflichtet zu einem Umgang mit dem Fernsehapparat, der ihm jede Möglichkeit schlechter Einflußnahme auf die Familie, insbesondere auf die Kinder, nimmt. Die Radikallösung, nämlich seine endgültige Abmeldung, wäre die beste Lösung. Sie ist aber nicht notwendige Voraussetzung für die Herz-Jesu-Thronerhebung.

„Die Familienweihe muß ins Leben eindringen, sie muß einen Zustand schaffen, wo das Evangelium die Regel und sozusagen die Seele des Hauses wird. Wir bedürfen der Lebensgenossenschaft, d.h. des ständigen Zusammenlebens mit Jesus, den wir bei uns aufgenommen und gefeiert haben. Wir müssen Ihn einladen, den Morgen zu segnen und den Abend, den Frieden und die Unruhe, unser Lächeln und unsere Tränen: ‚Herr, wohne bei uns, als wärst Du hier zu Hause; sei unser König, unser Freund, unser Vertrauter, unser Ratgeber. Du wirst bei allem und jedem den Vorsitz führen. Nichts soll geschehen ohne Dich; unsere Leiden und Freuden, unsere Angst, unsere Trauer, alles wollen wir mit Dir teilen.‘“ (P. Mateo).

Die Weihe sollte täglich erneuert werden, wenigstens durch ein Stoßgebet, an ausgewählten Tagen, etwa an den Herz-Jesu-Freitagen, durch gemeinsames Wiederholen des Weihegebets vor dem Herz-Jesu-Bild. „Und immer, wenn der Jahrestag der Thronerhebung wiederkehrt, vereinigt sich die ganze

Familie wieder vor dem festlich geschmückten Bild des Königs, um ihm gemeinsam ihre Treue und Liebe erneut zu bekunden - so wie es geschrieben steht: ‚Ihr sollt diesen Tag im Gedächtnis behalten und sollt ihn festlich dem Herrn feiern von Geschlecht zu Geschlecht.‘(Ex. 12,14)“ (P. Johannes Rüth SSCC).

Die Herz-Jesu-Thronerhebung soll auch vollzogen werden im Sinne der Sühne und Wiedergutmachung für die Lauheit, die Menschenfurcht und den stillen Glaubensabfall so vieler getaufter Christen in der heutigen Zeit. Seit den Offenbarungen des Herrn an die hl. Margareta Maria Alacoque gehört der Sühnegedanke untrennbar zur Herz-Jesu-Verehrung. Papst Paul VI. erinnerte in seiner Enzyklika „Investigabiles divitias“ daran, daß die Herz-Jesu-Verehrung im wesentlichen in Anbetung und Sühne besteht. Johannes Paul II. griff 1985 in einer Ansprache diesen Gedanken auf und sprach sich für eine „Verbreitung der Spiritualität der Weihe und der Sühne“ aus, „um das Geheimnis des Herzens Christi echt zu leben.“ Dem heiligsten Herzen Jesu soll durch die vollzogene und gelebte Weihe Genugtuung geleistet werden für all die Kälte, Schmach und Gleichgültigkeit, die ihm entgegengebracht werden. Je mehr seine Liebe von so vielen Menschen zurückgewiesen wird, um so mehr sollen die gläubig gebliebenen Familien sich für sie öffnen und sie herrschen lassen.

Wenn eine Familie sich durch die Thronerhebung dem heiligsten Herzen weiht und hingibt, dann kann der Herr gar nicht anders als mit göttlicher Großmut zu antworten. Schon gegenüber der hl. Margareta Maria Alacoque versprach der Herr seinen überreichen Segen für jene Häuser, in denen das Bild seines heiligsten Herzens verehrt werde. Die Heilige berichtet: „Er [Christus] versicherte mir auch, es werde ihm eine besondere Freude sein, unter dem Bildnis seines leiblichen Herzens verehrt zu werden. Er wollte, daß dieses Bild öffentlich ausgestellt werde, um - so fügte er hinzu - die gefühllosen Herzen zu rühren. Und er versprach mir, er werde allen, die ihm Verehrung erweisen, in Fülle die Schätze der Gnade schenken, die dieses göttliche Herz enthält. Und überall, wo dieses Bild aufgestellt und besonders verehrt wird, werde es reichen Segen herabziehen." Der Papst selber nimmt auf diese Verheißung Bezug und mahnt dazu, sie ernst zu nehmen. Pius XII. erklärte in einer seiner Brautansprachen: „In den Offenbarungen voller Liebe, die in der Neuzeit der Verehrung des Herzens Jesu einen so starken Auftrieb gegeben haben, versprach unser Herr unter anderem, daß das Bild seines Herzens, wo immer es aufgestellt und besonders verehrt wird, Segnungen jeglicher Art bringen wird. Im Vertrauen auf Gottes Wort könnt und wollt ihr gewiß die Wohltaten eines solchen Versprechens euch sichern, und ihr werdet darum

in eurer Wohnung das Bild des heiligsten Herzens Jesu aufstellen und gebührend verehren." Jenen, die sich seinem Herzen weihen, versprach Christus das ewige Heil: „Er ließ mich", so die hl. Margareta Maria, „mit unzweifelhafter Klarheit erkennen, daß es ihm besondere Freude bereiten werde, von seinen Geschöpfen gekannt, geliebt und geehrt zu werden. Und diese Freude war so unendlich groß, daß es mir schien, er habe mir versprochen, alle, die ihm geweiht seien, würden nicht verloren gehen." Auch diese Verheißung wird von Papst Pius XII. zitiert!
Den besonderen Schutz des Herrn durften schon viele Familien erfahren, die die Herz-Jesu-Thronerhebung gemacht haben. Von etlichen etwa ist bekannt, daß ihr Haus während des Zweiten Weltkriegs stehen blieb, während unmittelbar ringsherum alles zerstört wurde. P. Mateo selber hat über viele Bekehrungen und andere Segnungen berichtet, mit denen der Herr die ihm feierlich geweihten Familien beschenkt hat. Er schreibt: „In Anbetracht der wunderbaren Erneuerung, deren Zeuge ich täglich bin, gibt es für mich nur eine Schwierigkeit, die mich auf der Kanzel in Verlegenheit bringt. Und das ist die, unter den zahlreichen Tatsachen eine zu wählen, um sie zu erzählen. Die Tatsachen - das ist meine ganze Beredsamkeit! Ich habe die Berge wandern gesehen. Ich habe die hartnäckigsten, fanatischen Ungläubigen niedergeschmettert gesehen wie einst Saulus auf

dem Wege nach Damaskus - so häufig, daß ich zum Heiligen Vater sagte: Heiliger Vater, ich habe den Glauben verloren; denn um zu glauben, darf man nicht sehen. Und ich sehe alle Tage!“ Ein Beispiel sei im nächsten Kapitel mitgeteilt.
Der Herr steht den ihm geweihten Familien treu zur Seite in ihrem Bemühen, dem allgemeinen Glaubens- und Sittenverfall zu widerstehen. Deshalb stellte Benedikt XV. in dem schon erwähnten Brief von 1915 die Herz-Jesu-Thronerhebung als das Heilmittel für die Übel der Zeit heraus. Als Übel nannte er: Verkehrung der Sittenordnung, Vordringen heidnischer Anschauungen, Ehescheidungen, Empfängnisverhütung. Wie man erkennen kann, hat die Herz-Jesu-Thronerhebung nichts an Aktualität eingebüßt! Nur die Erlöserliebe Jesu Christi kann die Wunden der heutigen Zeit heilen. Gerade das aber ist nach den Worten Benedikts XV. das Ziel der Herz-Jesu-Thronerhebung, daß „in den katholischen Familien die Flamme der Liebe zum heiligsten Herzen Jesu geweckt wird!“

Die Bekehrung eines Ungläubigen

Von den vielen Wundern der Bekehrung, über die P. Mateo berichtet, wollen wir einen einzigen Fall herausgreifen. Die Begebenheit spielt sich in

Frankreich ab. Eine Dame, die sich sehr um die Verbreitung der Herz-Jesu-Thronerhebung verdient gemacht hatte, konnte dieselbe in ihrem eigenen Hause nicht vornehmen, weil ihr Vater sich dem widersetzte. Dieser war nämlich Freimaurer, und zwar Vorsitzender der Loge des schottischen Ritus. Nach einiger Zeit gab er indes dem Drängen seiner Tochter nach und gestattete die Herz-Jesu-Thronerhebung. P. Mateo nahm sie persönlich vor. Am Tag darauf schrieb ihm P. Mateo: „Mein Herr, als Belohnung für das, was ich letzte Woche Ihrer Tochter zu Gefallen getan habe, erbitte ich mir von Ihnen nur das, daß Sie heute Abend zu mir kommen, um zu beichten. Ich verlange dies jedoch im Namen Jesu, des Königs der Liebe.“ Der über 60 Jahre alte Freimaurer hatte noch nie in seinem Leben gebeichtet, sein Haß gegen das katholische Priestertum saß tief. Als er mittags den Brief empfing und ihn las, kam es nicht zu einer Szene, wie man erwarten konnte, sondern er erbleichte und zog sich auf sein Zimmer zurück. Nach einigen Stunden suchte er P. Mateo auf, fiel auf die Knie und rief: „Ist das möglich, ich, zu den Füßen eines Priesters?“ Unter Tränen übergab er dem Pater sein Sündenbekenntnis, das er schriftlich niedergelegt hatte, da er vorausgesehen hatte, daß er vor Rührung nicht würde sprechen können. Er bat P. Mateo, das Bekenntnis laut zu lesen. Am Schluß erteilte ihm P. Mateo die Absolution und riet ihm, sich gut auf die erste heilige

Kommunion vorzubereiten, die er in vierzehn Tagen empfange. Bei diesen Worten erhob sich der mit Gott Versöhnte und rief aus: „Mein Pater, sagen Sie das nicht! Sagen Sie, daß ich morgen kommunizieren kann. Ich dürste nach ihm!“ Voller Rührung gab P. Mateo sein Einverständnis, woraufhin der Glückliche ans Telephon eilte, um dem Vizepräsidenten der Loge mitzuteilen, daß er, der Präsident, soeben gebeichtet habe. Er lade ihn und alle anderen Freimaurer der Stadt zu seiner ersten heiligen Kommunion am kommenden Tag ein. Einige Zeit später erhielt P. Mateo von ihm noch folgenden Brief: „Mein Pater! Ich bin Apostel geworden bei meinen zwei Brüdern, ich freue mich, Ihnen mitteilen zu können, daß sie eben ihre erste Beichte abgelegt haben und daß ich sie morgen zu ihrer ersten Kommunion begleite. Der eine ist 71 und der andere 75 Jahre alt.“

Die nächtliche Sühneanbetung

Seit Juni 1927 verbreitete P. Mateo den Gedanken der monatlichen nächtlichen Sühneanbetung in den Familien. Von Anfang an schrieb er, daß dieser Vorschlag nicht für alle, ja vielleicht nicht einmal für die Mehrheit der Familien bestimmt sei, die die Herz-Jesu-Thronerhebung vorgenommen hätten. Es geht um eine zusätzliche *freiwillige* Tat der

Liebe und Sühne von Seiten jener Familien, die die Möglichkeit dazu haben und die von der Liebe zu Jesus dazu angetrieben werden. „Nicht Masse - aber Elite will ich: feurig, opferbereit und treu" - unter diesem Motto hatte P. Mateo seinen Kreuzzug für die nächtliche Sühneanbetung angetreten und an die Großmut christlicher Familien appelliert: „Judas kann wach bleiben, um Verrat zu üben, und er findet auch Genossen, die mit ihm wachen; und die Apostel und die Freunde Jesu, sollen die immer vom Schlaf überwältigt werden? (...) Sagt euch ferner, daß der Engel der Finsternis die Nacht so gut auszunützen weiß und so leicht schwache Herzen und offene Türen findet, und daß darum auch Jesus bei seinen Freunden auf eine Sühne Anspruch erheben kann, die über das Maß des Alltäglichen hinausgeht. (...) Ich sende diese Idee hinaus wie einen feurigen Pfeil, der nicht aus meinem Herzen kommt, sondern aus dem des Königs selbst." Dieser Pfeil traf sein Ziel: Bereits nach zwei Jahren betrug die Zahl der nächtlichen Anbeter 42000.

P. Mateo unterscheidet die Familien, die zahlreich genug sind, eine ganze Nacht zu wachen und zu beten, und die Einzelanbeter. Im ersten Fall werden die Anbetungsstunden auf die einzelnen Familienmitglieder verteilt, im zweiten Fall genügt es, wenn man eine Stunde zwischen 9.00 Uhr abends und 6.00 Uhr morgens zur Anbetung wählt. Die

nächtliche Heilige Stunde wird im Wohnzimmer vor dem geschmückten Herz-Jesu-Bild gehalten.
P. Mateo denkt sich diese Anbetung zu Hause als Ergänzung zu den Sühnenächten, die in den Kirchen stattfinden: „Die nächtliche Anbetung in den Kirchen hat in den letzten Jahren gewaltige Fortschritte gemacht", schrieb er 1927, „sie hat eine Glaubensbewegung und eine Flut von Gnaden hervorgerufen, wie vielleicht kein anderes Werk. Wir bewundern das aufrichtig, wir verehren diese nächtlichen Schildwachen, die Tapfersten der Tapferen. Aber es ist sicher, daß es außer dieser bewunderungswürdigen Phalanx noch eine andere gibt, die zahlreicher und nicht weniger von Liebe erfüllt ist: Die der Väter und Mütter, die der jungen Mädchen, ja sogar der Kinder, besonders der Ältesten in gewissen auserwählten Familien, die gerne ihre Wohnung verlassen und vor dem Allerheiligsten in der Kirche selbst die nächtliche Anbetung machen möchten, es aber nicht können wegen ihres Alters, ihrer Gesundheit oder aus anderen Gründen."

Die Herz-Jesu-Thronerhebung im göttlichen Heilsplan

P. Mateo empfing seine Sendung in Paray-le-Monial. Um die Bedeutung dieser Fügung würdigen zu können,

ist die Erinnerung an die großen Offenbarungen des heiligsten Herzens Jesu notwendig, die die hl. Margareta Maria Alacoque hier empfangen hat. Die hl. Margareta, geboren am 22. Juli 1647, trat 1671 in den Orden der Heimsuchung in Paray-le-Monial ein. Dort empfing sie in den Jahren 1673 bis 1675 die vier großen Herz-Jesu-Visionen, die zum allgemeinen Aufschwung der Herz-Jesu-Verehrung in der Kirche führten.

Bei der ersten Vision am 27. Dezember 1673 sprach der Herr zu ihr: „Mein göttliches Herz brennt so von Liebe zu den Menschen und besonders zu dir, daß es die Flammen dieses Feuers nicht mehr in sich verschließen kann. Es muß sich deshalb durch dich ausbreiten, es muß sich offenbaren, um die Menschen mit den kostbaren Schätzen zu bereichern, die Ich dir enthülle. Sie bergen die Gnaden, die ihnen zum Heile dienen und sie vom Abgrund des Verderbens zurückreißen. Dich, die du ein Abgrund der Unwürdigkeit und Unwissenheit bist, habe ich zur Ausführung dieses großen Planes ausersehen, damit Ich allein es sei, der dieses Werk vollbringt."

Über die zweite Offenbarung berichtet die Heilige in einem Brief: „Das göttliche Herz wurde mir auf einem flammenden Thron gezeigt, strahlender als die Sonne und durchscheinend wie Kristall. Seine verehrungswürdige Wunde war deutlich zu erkennen. Es war mit einer Dornenkrone umwunden, welche

die Verwundungen versinnbilden sollen, die unsere Sünden Ihm zufügen. Darüber befand sich ein Kreuz zum Zeichen, daß seit dem ersten Augenblick seiner Menschwerdung das Kreuz in Seinem Herzen aufgerichtet war. Von diesem ersten Augenblick schon fühlte es alle Qualen, die Seine heilige Menschheit durch Verdemütigungen, Armut, Schmerzen und Verachtung während Seines irdischen Lebens und Seiner heiligen Passion erdulden sollte. Er ließ mich sodann erkennen, wie das brennende Verlangen, von den Menschen geliebt zu werden und sie vom Weg des Verderbens zurückzureißen, auf den der Satan so viele führte, Ihm den Entschluß eingegeben habe, Sein Herz den Menschen zu offenbaren. Von Seinen Schätzen der Liebe, des Erbarmens, der Gnade, der Heiligung und des Heils sollten sie erfahren, damit Er jene, die Ihm die Verehrung, die Liebe und die Verherrlichung erweisen würden, zu der sie fähig sind, in überströmender und verschwenderischer Fülle mit diesen Schätzen des Herzens Gottes beglücken könne. Dieses wünschte Er unter der Gestalt eines menschlichen Herzens verehrt zu sehen. Das Bild solle man aufstellen und bei sich auf dem Herzen tragen, damit dem Menschenherzen die göttliche Liebe eingeprägt und es mit allen Gnaden erfüllt werde, und damit es die Zerstörung aller seiner ungeordneten Neigungen bewirke. Überall, wo dieses heilige Bild zur Verehrung aufgestellt sei, würde Er

seine Gnaden und seinen Segen ausgießen. Diese Verehrung sei gleichsam eine letzte Anstrengung seiner Liebe zugunsten der Menschen in diesen letzten Jahrhunderten der Erlösung, um sie der Herrschaft Satans zu entreißen und uns in die herrliche Freiheit des Reiches seiner Liebe zu versetzen, das er in den Herzen derer aufrichten wolle, die diese Andacht üben würden".

Bei der dritten Erscheinung enthüllte ihr der Herr, wie sie schreibt, „die unaussprechlichen Wunder seiner reinen Liebe und das Übermaß dieser Liebe zu den Menschen, von denen Er nichts als Undank und Verkennung erfährt, und Er sagte: ‚Das trifft Mich viel schmerzlicher als alles, was Ich in meiner Passion erduldet habe. Wenn sie meine Liebe auch nur ein wenig erwidern würden, würde Ich alles, was Ich für sie tat, gering achten und noch mehr tun, wenn dies möglich wäre. Doch sie haben nichts als Kälte und Abweisung für all meinen Eifer, ihnen Gutes zu tun. Mache deshalb wenigstens du Mir die Freude, für ihre Undankbarkeit soweit Sühne zu leisten, als du es nur vermagst!'"

Bei der vierten Vision im Juni 1675 verlangte der Herr die Einführung des Herz-Jesu-Festes: „Siehe hier das Herz, das die Menschen so sehr geliebt hat, um ihnen seine Liebe zu beweisen. Zum Lohn dafür ernte Ich von den meisten nur Undank durch die Unehrerbietigkeiten und Sakrilegien, durch die Kälte

und Mißachtung, die sie Mir in diesem Sakrament der Liebe zufügen. Doch am schmerzlichsten ist es Mir, daß auch Seelen, die Mir geweiht sind, so gegen Mich handeln. Deshalb verlange Ich von dir, daß am ersten Freitag nach der Fronleichnamsoktav ein besonderes Fest zur Verehrung meines heiligsten Herzens eingesetzt werde. Man soll an diesem Tag die hl. Kommunion empfangen und Mir durch feierliche Abbitte Ehrenersatz leisten, um die Verunehrungen zu sühnen, die dem allerheiligsten Sakrament während der Aussetzung auf den Altären zugefügt werden. Ich verspreche dir, daß mein Herz jene mit dem Strom seiner göttlichen Liebe überschütten wird, die ihm diese Ehre erweisen und sich dafür einsetzen, daß auch andere es tun."
Außerdem gab der Herr die große Verheißung für die Übung der neun Herz-Jesu-Freitage: „Ich verspreche dir in der unendlichen Barmherzigkeit meines Herzens, daß seine allmächtige Liebe allen, die an neun aufeinanderfolgenden ersten Freitagen des Monats kommunizieren, die Gnade der endlichen Beharrlichkeit verleihen wird. Sie werden nicht sterben, ohne die heiligen Sakramente empfangen zu haben. Mein göttliches Herz wird ihre sichere Zuflucht in der letzten Stunde sein."
Bereits 1672 hatte der hl. Johannes Eudes (1601-1680) zum ersten Mal in der Kirchengeschichte die heilige Messe des Herz-Jesu-Festes gefeiert, das er in der

von ihm gegründeten Kongregation eingeführt hatte. Doch war es diesem großen Herz-Jesu-Verehrer, den der hl. Papst Pius X. den „Vater, Lehrer und Apostel der Verehrung der Herzen Jesu und Mariae“ nannte, nicht gelungen, die allgemeine Einführung des Festes in der ganzen Kirche zu erreichen. Selbst nach den Offenbarungen an die hl. Margareta Maria dauerte es noch seine Zeit, bis das Fest offiziell von Rom eingeführt wurde. 1765 gestattete Clemens XIII. in beschränktem Umfang die Feier des heiligsten Herzen Jesu am Freitag nach der Fronleichnamsoktav, 1856 dehnte Pius IX. das Fest auf die ganze Kirche aus, 1889 erhob es Leo XIII. zu einem Fest ersten Ranges.
Leo XIII. war es auch, der die Bedeutung der *Weihe* an das heiligste Herz Jesu herausstellte und am 11. Juni 1899 zu der Tat schritt, die er selbst die größte seines Pontifikates nannte: die Weihe der Welt an das heiligste Herz Jesu. Unmittelbarer Anstoß waren zwei Briefe der seligen Maria vom göttlichen Herzen Droste zu Vischering (1863-1899), in denen sie den Papst demütig und inständig um diese Weltweihe bat, und zwar im Namen des Herrn selber, der ihr diesen Wunsch mehrmals geoffenbart hatte. In ihrem zweiten Brief vom 6. Januar 1899 heißt es unter anderem: „Ich erkannte das sehnlichste Verlangen, das er [der Heiland] hat, sein anbetungswürdiges Herz mehr und mehr verherrlicht und erkannt zu sehen und seine Gaben und Segnungen über die ganze Welt

auszugießen. Und er erwählte Eure Heiligkeit, indem er Ihre Tage verlängerte, auf daß Sie ihm diese Ehre zu erweisen vermöchten, sein beleidigtes Herz zu trösten und auf Ihre Seele erlesene Gnaden herabzuziehen, welche diesem göttlichen Herzen entquellen, dem Born jeglicher Gnade, der Stätte des Friedens und des Glücks. Ich fühle mich unwürdig, all dies Eurer Heiligkeit mitzuteilen. Aber nachdem mich der Heiland mehr und mehr von meinem Elend durchdrungen und mich die Hingabe meiner selbst als Opfer und Braut seines Herzens hatte erneuern lassen, indem ich gerne jede Art von Leiden, Verdemütigung und Mißachtung annahm, gab er mir den gemessenen Befehl, an Eure Heiligkeit abermals über diesen Gegenstand zu schreiben." In der Enzyklika „Annum sacrum" vom 25. Mai 1899 erklärt der Papst den Sinn der Weihe: „Da das heiligste Herz das treffende Symbol der unendlichen Liebe Jesu ist, die uns zur Gegenliebe bewegt, ist die Weihe an das Herz Jesu durchaus angezeigt. Sie ist schließlich nichts anderes als eine verpflichtende Selbsthingabe an Jesus Christus, denn alle Ehre, Huldigung und Liebe, die wir dem göttlichen Herzen erweisen, richtet sich in Wirklichkeit auf die Person Christi selber. Darum ermuntern und ermahnen Wir alle, die das göttliche Herz lieben, diesen Weiheakt bereitwillig zu vollziehen." In der Magna Charta der Herz-Jesu-Thronerhebung nimmt Benedikt XV. auf die Weltweihe Bezug und bemerkt dazu, daß dieselbe

die besondere Weihe jeder Familie nicht überflüssig mache, sondern durch die Herz-Jesu-Thronerhebung sinnvoll ergänzt werde.
Auf dem Hintergrund dieser geschichtlichen Entwicklung wird deutlich: Die in Form der Herz-Jesu-Thronerhebung vollzogene und gelebte Familienweihe an das heiligste Herz Jesu bedeutet das liebende Eingehen auf den göttlichen Heilsplan, den die unendliche Liebe selber ersonnen hat, um uns der Herrschaft Satans zu entreißen und uns mit den Gnaden des Heils und der Erlösung zu überschütten.

Kleine Chronologie der Herz-Jesu-Verehrung in der Neuzeit

1549	Herz-Jesu-Vision des hl. Petrus Canisius in Rom: Er erhält die Kraft zu seiner Sendung als zweiter Apostel Deutschlands.
1601-1680	Hl. Johannes Eudes, „Vater, Lehrer und Apostel der Verehrung der Herzen Jesu und Mariae“ (hl. Pius X.).
1641-1682	Hl. Claude de la Colombière SJ, Seelenführer der hl. Margareta Maria Alacoque.
1647-1690	Hl. Margareta Maria Alacoque.
1670	Der hl. Johannes Eudes erhält die bischöfliche Erlaubnis zur Feier des Herz-Jesu-Festes.
1672	Der hl. Johannes Eudes feiert zum ersten Mal das Herz-Jesu-Fest.
1673-1675	Die vier großen Herz-Jesu-Offenbarungen an die hl. Margareta Maria Alacoque.
1697	Innozenz XI. gestattet für den Freitag nach der Fronleichnamsoktav die Feier der hl. Messe von den heiligen fünf Wunden zu Ehren des Herzens Jesu im Kloster der Heimsuchung (des Ordens, dem die hl. Margareta Maria Alacoque angehörte).
1722	Weihe der Diözese Marseille an das heiligste Herz Jesu während einer Pest.

Daraufhin wird Marseille von der Pest befreit.

1747-1770 Hl. Teresa Margherita vom Heiligsten Herzen Jesu: Ihre Sendung ist es, dem Karmel das Geheimnis des Herzens Jesu zu künden.

1765 Clemens XIII. bewilligt den polnischen Bischöfen und der römischen Erzbruderschaft vom Heiligsten Herzen Jesu die Feier eines liturgischen Festes zu Ehren des heiligsten Herzens Jesu.

1767 Clemens XIII. gewährt den Kirchen der Jesuiten auf die Bitte ihres Generaloberen hin einen vollkommenen Ablaß für das Fest des heiligsten Herzens Jesu.

1768-1837 Pierre Coudrin, Gründer der „Kongregation der heiligsten Herzen Jesu und Mariens" (Picpus-Patres), der P. Mateo angehörte.

1779 Pius VI. gestattet das Herz-Jesu-Fest für Spanien und Portugal.

1792 Pierre Coudrin empfängt in einer Vision die Sendung, seine Kongregation zu gründen.

1794 Bulle Pius' VI. „Auctorem fidei": verteidigt die Herz-Jesu-Verehrung gegen die Jansenisten.

1796 Bund Tirols mit dem göttlichen Herzen Jesu. Dieser Bund geht über eine einfache

	Weihe hinaus, da er in einem feierlichen, unter schwerer Sünde verpflichtenden Gelübde besteht.
1800	Die hl. Magdalena Sophie Barat gründet die „Gesellschaft vom heiligsten Herzen Jesu“.
1804	Pius VII. gestattet das Herz-Jesu-Fest für Amerika.
1819	Pius VII. gestattet das Herz-Jesu-Fest für das Heilige Land.
1821-1884	Henri-Marie-Felix Ramière SJ, der sich für die Weihe der ganzen Kirche an das heiligste Herz Jesu während des I. Vatikanischen Konzils einsetzt (wegen der vorzeitigen Auflösung des Konzils vergeblich).
1856	Pius IX. dehnt das Herz-Jesu-Fest auf die ganze Kirche aus.
1863-1899	Sel. Maria vom göttlichen Herzen Droste zu Vischering.
1863	Sr. Maria du Sacré-Coeur Bernaud gründet die „Ehrenwache des heiligsten Herzens Jesu“.
1864	Seligsprechung Margareta Maria Alacoques.
1872	Weihe der Gesellschaft Jesu an das heiligste Herz Jesu.
1873	Ecuador weiht sich (nach Tirol als erstes

Land der Welt) offiziell dem heiligsten Herzen Jesu.

1875	Henri Ramière SJ legt Pius IX. ein Gesuch von 525 Bischöfen um die Weihe Roms und der ganzen Welt an das heiligste Herz Jesu vor.
1875-1960	P. Mateo Crawley-Boevey
1876	Weihe des Bistums Münster an das heiligste Herz Jesu während des Kulturkampfs, 1941 durch Bischof Clemens August Graf von Galen erneuert.
1889	Leo XIII. erhöht das Herz-Jesu-Fest zu einem Fest erster Klasse.
Ab 1889	führt das „Gebetsapostolat" die Familienweihe an das heiligste Herz Jesu im großen Stile durch.
1896	Anläßlich der Säkularfeier Tirols Weihe Vorarlbergs an das heiligste Herz Jesu. Die Weihe wird 1915 durch ein feierliches Gelöbnis zum Bund ausgestaltet.
1897	Der sel. Maria vom göttlichen Herzen offenbart der Herr zum ersten Mal seinen Wunsch, daß die ganze Welt seinem heiligsten Herzen geweiht werde.
1899	2. April: Leo XIII. gestattet den öffentlichen Gebrauch der Herz-Jesu-Litanei.
	25. Mai: Enzyklika Leos XIII. „Annum sacrum": Ankündigung der Weltweihe.

11. Juni: Weltweihe an das heiligste Herz Jesu.
21. Juli: Leo XIII. empfiehlt in einem Dekret die Übung der Herz-Jesu-Freitage.

1900 Weihe Kolumbiens an das heiligste Herz Jesu. Durch Staatsgesetz wird die absolute göttliche Oberhoheit Jesu Christi über alle Gewalten einschließlich der des Präsidenten und der beiden Häuser des Parlaments anerkannt. Das Herz-Jesu-Fest wird zum nationalen Feiertag erklärt.

1902 Die Dienerin Gottes Luise Margarita Claret de la Touche erhält vom Herrn die Sendung, den Priestern sein heiligstes Herz zu zeigen. Dies führt zur Gründung des von den Päpsten geförderten „Priesterbunds der Freunde des Herzens Jesu“.

1907 P. Mateo empfängt in Paray-le-Monial seine Sendung: die Herz-Jesu-Thronerhebung.

1909 Seligsprechung Johannes‘ Eudes.

1915 Weihe Deutschlands und Österreich-Ungarns an das heiligste Herz Jesu.
Benedikt XV. schreibt an P. Mateo die „Magna Charta“ der Herz-Jesu-Thronerhebung.

1917 Feierliche Herz-Jesu-Thronerhebung im Palast der Großherzogin von Luxemburg.

1919 Weihe Belgiens an das heiligste Herz Jesu.

1920 Heiligsprechung Margareta Maria Alacoques. Benedikt XV. empfiehlt die Herz-Jesu-Freitage.

1923 Brief Pius‘ XI. an P. Mateo über die Bedeutung der Herz-Jesu-Thronerhebung.

1925 Heiligsprechung Johannes‘ Eudes.

Enzyklika „Quas primas“ über das Königtum Christi: Pius XI. setzt das Christkönigsfest ein und ordnet an, daß an diesem Tag jährlich die Weltweihe an das heiligste Herz Jesu erneuert werde.

1928 Enzyklika Pius‘ XI. „Miserentissimus Redemptor“ über die dem heiligsten Herzen Jesu geschuldete Sühne. Das Herz-Jesu-Fest wird mit einer privilegierten Oktav ausgestattet. Anordnung eines gemeinschaftlichen Sühnegebets am Herz-Jesu-Fest.

Weihe Portugals an das heiligste Herz Jesu

1932 Pius XI. empfiehlt in der Enzyklika „Caritate Christi compulsi“ die Herz-Jesu-Verehrung als Heilmittel für die Not der Zeit und ordnet die Abhaltung von öffentlichen Sühnegottesdiensten am Herz-Jesu-Fest an.

1948 Brief Pius‘ XII. an P. Mateo, in dem er die Herz-Jesu-Thronerhebung empfiehlt.

1956	Enzyklika Pius' XII. „Haurietis aquas": ausführliche theologische Begründung und Erklärung der Herz-Jesu-Verehrung als „wirkungsvollste Schule der Gottesliebe". Wer sie geringschätze, handle verwegen und verderblich und beleidige Gott.
1960	Johannes XXIII. empfiehlt das Halten der Herz-Jesu-Freitage, die heilige Stunde und die Weihe an das heiligste Herz Jesu.
1965	Enzyklika Pauls VI. „Investigabiles divitias": verteidigt die Herz-Jesu-Verehrung gegen Angriffe, die sich mißbräuchlich auf das Zweite Vatikanische Konzil berufen.
1972	Zum 100. Jahrestag Erneuerung der Weihe der Gesellschaft Jesu an das heiligste Herz Jesu durch den Generaloberen Arrupe im Beisein von 800 Jesuiten in Rom.
1975	Seligsprechung Marias vom göttlichen Herzen.
1986	Brief Johannes Pauls II. an den Generaloberen der Gesellschaft Jesu, in dem er die Jesuiten auffordert, den von Christus ihnen gegebenen Auftrag, die Herz-Jesu-Verehrung zu verbreiten, immer besser zu erfüllen.

Die Vorbereitung auf die Herz-Jesu-Thronerhebung

Die Herz-Jesu-Thronerhebung sollte an einem Tag vorgenommen werden, der in seiner Bedeutung für die Familie in irgendeiner Weise hervorsticht, sei es ein kirchlicher Feiertag, ein Gedenktag der Familie oder ein Herz-Jesu-Freitag.

Es sind keine bestimmten Gebete zur Vorbereitung auf die Herz-Jesu-Thronerhebung vorgeschrieben. Doch es ist sehr sinnvoll und empfohlen, sich auf die Weihe neun (Novene) oder drei (Triduum) Tage hindurch vorzubereiten, indem die Familie gemeinsam den Rosenkranz oder einen Teil des Rosenkranzes betet. Denn wie der Heiland vor 2000 Jahren durch Maria zu uns gekommen ist, so will er auch weiterhin immer durch Maria zu uns kommen und unsere Hingabe durch Maria entgegennehmen. Die Muttergottes kann uns am besten helfen, unser Herz für die Weihe zu bereiten. Dazu gehört auch der Empfang des heiligen Bußsakramentes. Wenn möglich, sollte man am Tag der Weihe auch die heilige Messe besuchen und die heilige Kommunion empfangen.

In der Wohnung sollte die Stelle, wo das Herz-Jesu-Bild seinen Ehrenplatz erhalten wird, vorbereitet und mit Kerzen und Blumen dezent geschmückt sein. Für die Segnung des Bildes oder der Statue durch den Priester möge Weihwasser bereitstehen.

Nachdem Pius XII. 1942 die Welt dem Unbefleckten Herzen Mariens geweiht hat, ist in das Zeremoniell der Thronerhebung die Weihe an das Unbefleckte Herz Mariens eingefügt worden. Schon 1917 hatte die Muttergottes in Fatima eindringlich die Verehrung ihres Unbefleckten Herzens gefordert. Es ist sinnvoll, als sichtbaren Ausdruck des Vertrauens auf den mütterlichen Schutz Mariens die Wundertätige Medaille zu tragen, die die Muttergottes 1830 der hl. Katharina Labouré vorgestellt hat mit der Verheißung, daß die Gnaden überreichlich seien für jene, die sie mit Vertrauen tragen. Sollten die Familienmitglieder diese Medaille noch nicht tragen, dann wird empfohlen, sie bei dieser Gelegenheit vom Priester segnen und auflegen zu lassen.

Wenn das eine oder andere Mitglied in der Familie nichts von der Herz-Jesu-Thronerhebung oder gar vom Glauben überhaupt wissen will, dann darf die Herz-Jesu-Thronerhebung von der übrigen Familie trotzdem vorgenommen werden. Man soll die abwesenden Familienmitglieder in die Weihe, Gebete und Opfer einschließen in dem Vertrauen, daß nun der Herr um so geneigter ist, alle notwendigen Heilsgnaden zu schenken.

Das Zeremoniell der Thronerhebung

1. Die Segnung des Bildes

Mit dem Priester hat sich die ganze Familie um das Herz-Jesu-Bild versammelt. Der Priester betet:

Pr. Unsere Hilfe ist im Namen des Herrn,
A. Der Himmel und Erde erschaffen hat.
Pr. Der Herr sei mit euch!
A. Und mit deinem Geiste!
Pr. Lasset uns beten!

Allmächtiger, ewiger Gott, du gestattest uns, die Bilder deiner Heiligen zu schnitzen oder zu malen. So oft wir diese Bilder mit unseren leiblichen Augen anschauen, sollen wir auch mit den Augen des Geistes die Taten und Tugenden der Heiligen betrachten und nachahmen. Wir bitten dich also, segne und heilige dieses Bild, das geschaffen wurde zur Ehre und zum Gedächtnis des heiligsten Herzens Jesu, deines Eingeborenen Sohnes, unseres Herrn. Gib allen, die vor diesem Bilde das Herz deines eingeborenen Sohnes mit Andacht und Eifer verehren, durch seine Verdienste und Fürsprache Gnade für das gegenwärtige Leben und für das zukünftige die ewige Herrlichkeit. Amen.

Nun besprengt der Priester das Bild mit Weihwasser.

2. Das Glaubensbekenntnis

Das Glaubensbekenntnis wird von allen Anwesenden stehend gebetet. Es gilt als Erneuerung der Taufgelübde und bekundet unsere Treue zu Christus und seiner heiligen katholischen Kirche.

3. Die Ansprache des Priesters

Die Ansprache des Priesters könnte hier erfolgen und noch einmal Sinn und Bedeutung der Herz-Jesu-Thronerhebung darlegen.

4. Das Weihegebet

Die Weihe der Familie an das heiligste Herz Jesu wird mit dem Priester abwechselnd kniend gebetet.

V. Heiligstes Herz Jesu, du hast der hl. Margareta Maria dein Verlangen kundgetan, über die christlichen Familien zu herrschen. So kommen wir denn heute, um deine unumschränkte Herrschaft über unsere Familie auszurufen.

A. Wir wollen fortan leben von deinem Leben; wir wollen, daß in unserer Familie jene Tugenden blühen, die deinem Versprechen gemäß uns hier auf Erden schon den Frieden bringen werden. Wir wollen von uns fernhalten den Geist der Welt, den du

verworfen hast.

V. Du sollst über unseren Verstand herrschen durch die Einfalt unseres Glaubens; du sollst über unsere Herzen regieren durch unsere rückhaltlose Liebe zu dir, deren Flamme wir durch den öfteren Empfang der heiligen Kommunion stets unterhalten wollen.

A. O göttliches Herz Jesu, stehe unserer Familie vor, segne unsere geistigen und zeitlichen Unternehmungen, hilf uns unsere Sorgen tragen, heilige unsere Freuden und lindere unsere Leiden.

V. Sollte einer von uns das Unglück haben, dich zu beleidigen, so erinnere ihn daran, daß du für reuige Sünder gut und barmherzig bist.

A. Und wenn einst die Stunde der Trennung kommt und der Tod Trauer in unsere Mitte bringt, werden wir alle, die Scheidenden wie die Zurückbleibenden, uns deinem ewigen Ratschluß unterwerfen. Trösten soll uns der Glaube, daß einst der Tag kommt, wo die ganze Familie, im Himmel vereint, ewig deinen Ruhm und deine Wohltaten preisen wird.

V. Möge das unbefleckte Herz Mariä, möge St. Josef, der glorreiche Patriarch, dir diese unsere Weihe darbringen und alle Tage unseres Lebens uns an dieselbe erinnern!

A. Es lebe das heiligste Herz Jesu, unseres Königs und Vaters. Amen.

5. Der Akt der Thronerhebung

Durch Vater oder Mutter erhält nun das Herz-Jesu-Bild den Ehrenplatz in der Familie. Ein Lied könnte bei dieser Zeremonie die Feier erhöhen.

6. Die Herz-Mariä-Weihe

Papst Pius XII. fügte 1942 zu der Weltweihe an das göttliche Herz Jesu die Weltweihe an das Unbefleckte Herz Mariä, damit das Reich Christi sich schneller und tiefer unter Mariens Schutz und Hilfe ausbreite. So erfolgt nun die Weihe unserer Familie an dieses Mutterherz, damit Maria uns helfe, treu im Dienste Christi des Königs, ihres göttlichen Sohnes, zu stehen, zumal uns niemand ein leuchtenderes Vorbild der Thronerhebung sein kann als Maria, die Magd des Herrn.

V. Unbeflecktes Herz Mariä, Mutter des Herzens Jesu und unsere Mutter! Deinen göttlichen Sohn haben wir als König über unsere Familien ausgerufen und das Bild seines Herzens auf den Ehrenplatz in unserem Hause aufgestellt. Nun weihen wir uns auch deinem unbefleckten Mutterherzen.

A. Sei du Königin und Mutter unserer Familien in Glück und Unglück, in Freude und Schmerz, in gesunden und kranken Tagen, im Leben und im Tode herrsche du über uns!

V. Wache über unsere Seelen, du treu besorgtes Mutterherz! Bewahre sie vor Stolz, Unreinheit und Lieblosigkeit, worüber du dich so sehr betrübst. Wir wollen die vielen Frevel sühnen, die gegen Jesus und dich begangen werden. Möge so der Friede Christi in Gerechtigkeit über unsere Familie, über alle Familien unserer Heimat und der ganzen Welt herabkommen!
A. Wir versprechen dir deshalb, die christlichen Grundsätze zur einzigen Richtschnur unseres Denkens und Handelns zu machen und das sakramentale Leben eifrig zu pflegen. Was an Opfer und Entsagung damit verbunden ist, bringen wir im Geiste der Buße und Sühne durch dein unbeflecktes Herz dem Herzen deines göttlichen Sohnes dar. Amen.

7. Weihe der Kinder

Die Kinder können nun zum Ausdruck ihrer Weihe abwechselnd oder gemeinsam folgendes Gebet verrichten:

Heiligstes Herz Jesu, du hast nun deinen Thron in unserem Hause aufgeschlagen. Dein erster Ruf gilt uns Kindern. „Laßt die Kinder zu mir kommen“, sagtest du. Lieber göttlicher Kinderfreund, wir knien zu deinen Füßen und versprechen dir, durch Gehorsam und gutes Betragen den Eltern stets Freude zu bereiten, wie du es als Kind getan hast.

Viele Menschen lieben dich nicht, befolgen deine Gebote nicht, wissen nicht, was du für alle am Kreuz gelitten hast, da wollen wir dich trösten durch unseren Eifer und unsere Treue.
So nimm denn unser Herz, mache es rein, heilig und glücklich; nimm unseren Leib und unsere Seele! Alles, was wir denken und reden, was wir leiden und tun, weihen wir dir. Alles für dich, heiligstes Herz Jesu, und das Unbefleckte Herz Mariä! Amen.

Nun tragen die Kinder einzeln ihre Vorsätze vor, die sie gefaßt haben, um sich zu bessern und dem heiligsten Herzen Jesu Freude zu bereiten.

8. Gebet für die Abwesenden und Verstorbenen

In dieser Gnadenstunde wollen wir die Abwesenden und Verstorbenen nicht vergessen. Wir beten für sie ein *Vater unser* und ein *Gegrüßet seist du, Maria.*

9. Dankgebet der Familie

V. Dank sei dir, göttliches Herz Jesu! In unendlicher Barmherzigkeit hast du uns heimgesucht und deine Liebe geschenkt. So ist denn unser Haus ein Heiligtum der Sühne geworden für den Undank so vieler Menschen.
A. Göttlicher Heiland, eine große Ehre ist es

für uns, dich als Herrn unseres Hauses begrüßen zu dürfen. Ehrfurchtsvoll beten wir dich an. Wir freuen uns, daß du bei uns wohnen, unsere Mühen, Sorgen und unschuldigen Freuden mit uns teilen willst. Zwar sind wir dessen nicht würdig, aber die Güte deines Herzens verlangt ja danach, bei uns zu sein. Unsere Seele aber dürstet nach dir. So laß uns denn in der Wunde deines Herzens den Quell finden, dessen lebendige Wasser das ewige Leben geben.

V. Möge dieses Haus dir eine Raststätte sein, so lieb und teuer, wie das Haus deines Freundes Lazarus in Bethanien. Dort fühltest du dich heimisch bei Herzen, die dich liebten und in der Freundschaft deines Herzens den besten Teil erwählten.

A. Bleibe bei uns, göttliches Herz Jesu, denn auch wir verehren, wie im Hause zu Nazareth, Maria, die du uns selbst zur Mutter gegeben hast.

V. Durch deine heilige Gegenwart nimm aus unseren Herzen die Gedanken der Trauer um die, welche der Tod aus unserer Mitte genommen hat, sie sind ja in deiner Hut.

A. Bleibe bei uns, o Herr, wenn die Nacht der Sorgen über uns hereinbricht und die Tage der Ruhe und des Friedens uns verlassen.

V. Bleibe bei uns, göttlicher Freund, denn es will Abend werden. Siehe, die Welt sucht uns mit den Schatten des Unglaubens zu umhüllen. Wir aber wollen dir treu bleiben, denn du bist der Weg, die

Wahrheit und das Leben.

A. So laß uns also, göttlicher Meister, mit dir vereint leben und dereinst in deiner Liebe unsere Tage beschließen. Für immer werde in unserem Hause geliebt und verehrt das glorreiche Herz Jesu und das Unbefleckte Herz Mariä! Amen.

10. Noch ein letzter Gruß an die Gottesmutter

Sei gegrüßt, o Königin, Mutter der Barmherzigkeit, unser Leben, unsere Wonne, unsere Hoffnung sei gegrüßt. Zu dir rufen wir verbannte Kinder Evas, zu dir seufzen wir trauernd und weinend in diesem Tale der Tränen. Wohlan denn, unsere Fürsprecherin, wende deine barmherzigen Augen uns zu und zeige uns nach diesem Elende Jesus, die gebenedeite Frucht deines Leibes, o gütige, o milde, o süße Jungfrau Maria!

Heiligstes Herz Jesu, erbarme dich unser!
Unbeflecktes Herz Mariä, bitte für uns!
Heiliger Josef, bitte für uns!
Heilige Margareta Maria, bitte für uns!
Den heiligsten Herzen Jesu und Mariä sei Ruhm und Ehre!
Zum Schluß erteilt der Priester der Familie den Segen.

Anhang:

I. Die „Magna Charta“ der Herz-Jesu-Thronerhebung

Brief Benedikts XV. an Mateo Crawley Boevey, Priester der Kongregation von den Heiligsten Herzen Jesu und Mariens:

Geliebter Sohn, Gruß und apostolischen Segen!

Mit Freude haben Wir Deinen Brief und auch die mitgesandten Schriften gelesen. Daraus konnten Wir entnehmen, daß Du Dich mit Liebe und wahrem Verständnis schon mehrere Jahre lang überall bemüht hast für die Familienweihe an das Heiligste Herz Jesu, die in der Weise vor sich gehen soll, daß ein Herz-Jesu-Bild an dem Ehrenplatze im Hause aufgestellt wird und so Christus, der Herr, sichtbar, wie auf einem Throne, in den Wohnungen der Katholiken herrscht. Die ganze Menschheit hat zwar schon Unser Vorgänger Leo XIII. hochseligen Angedenkens dem Göttlichen Herzen geweiht, und es ist auch sein Rundschreiben darüber „Annum sacum“ überall bekannt. Doch ist gewiß nach dieser allgemeinen Weihe die Weihe der einzelnen Familien nicht überflüssig, ja entspricht ihr sogar vollständig und kann den frommen Wunsch des

obersten Hirten nur fördern: denn was jeder für sich als Eigentum hat, steht uns viel näher als das Gemeingut. Deshalb freuen Wir Uns über den unerwartet großen Erfolg Deiner Arbeit und ermahnen Dich, unermüdlich damit fortzufahren.
Nichts ist sicherlich gegenwärtig zeitgemäßer als Dein Unternehmen. Im privaten und öffentlichen Leben die von der Kirche aufgestellte und ausgebildete Sittenordnung zu verkehren und die gesamte Menschheit durch die allmähliche Beseitigung jeder Spur von christlicher Weisheit und Rechtschaffenheit zu den beklagenswerten Anschauungen des Heidentums zurückzuführen, das ist heute der Wunsch und das feste Ziel von leider gar vielen, und Wir hoffen nur zu Gott, daß ihr Beginnen fruchtlos sei. In erster Linie nun richten sich diese gefährlichen Angriffe gegen die Familie. Sie birgt ja in sich, wie im Keime, die Elemente der ganzen bürgerlichen Ordnung. Deshalb wäre unfehlbar die angestrebte Umgestaltung oder besser gesagt, das Verderben des ganzen gesellschaftlichen Lebens erreicht, wenn einmal die guten Grundsätze in der Familie verdorben wären - darüber sind sich die Feinde klar. So wird das Gesetz über die Ehescheidungen gutgeheißen und damit die Festigkeit der Ehe erschüttert. Man zwingt die Jugend zum Besuche des staatlichen Unterrichtes, der sehr oft gar nichts vom religiösen Geist hat, und ertötet damit gleichsam die Seele

der elterlichen Autorität. Die schändliche Kunst, nur seine Lust zu befriedigen, wenn damit auch die Rechte des Naturgesetzes hintergangen werden, wird sogar angepriesen und damit der Fortbestand der Menschheit in gottloser Weise schon von Grund aus schwer gefährdet, die Heiligkeit der Ehe mit den schmutzigsten Lastern befleckt. In ganz richtiger Weise trittst Du deshalb, geliebter Sohn, für die großen Interessen der ganzen Menschheit ein, wenn Du vor allem den christlichen Geist in der häuslichen Familie weckst und verbreitest; die Liebe Jesu Christi in unsere Familien bringst, damit sie dort gleichsam die Herrschaft führe. Ganz nach dem Wunsche Jesu Christi ist dieses Vorgehen, Der Seinen Gnadensegen den Häusern verheißen hat, in denen das Bild Seines Herzens zur frommen Verehrung aufgestellt wird.

Sicherlich ist es also ein heiliges und heilsames Werk, diese Art der Huldigung und Verehrung für unseren liebenswürdigen Erlöser. Doch ist keineswegs damit schon alles getan. Vor allem ist es auch notwendig, Christus zu kennen, d.h. Seine Lehre, Sein Leben, Sein Leiden und Seine Verherrlichung; Ihm nachfolgen, bedeutet nicht, sich von einem oberflächlichen Gefühl der Religiosität leiten lassen, das leicht schwache und weiche Herzen erregt und Tränen entlockt; Ihm nachfolgen bedeutet, Ihn mit einem lebendigen und standhaften Glauben erfassen, der Geist, Herz und Charakter lenkt und bildet. Ja, der

wahre Grund, warum Jesus Christus von sehr vielen gar nicht beachtet, von vielen nicht genug geliebt wird, ist der, daß Ihn die ersten fast gar nicht, diese nicht genug kennen. Fahre deshalb nur fort, geliebter Sohn, mit Deinen segensreichen Bestrebungen, das Liebesfeuer für das Heiligste Herz Jesu in den Häusern der Katholiken zu entfachen. Zuerst bemühe Dich um die fruchtbringende Arbeit, daß diese Liebe bis zu ihrem höchsten und erhabensten Grade eine Wirkung der Erkenntnis Jesu Christi und der von Ihm selbst übermittelten Wahrheit und Seines Gesetzes, in allen Häusern, in denen Du zu wirken suchst, sei - so wünschen Wir es.

Um in dieser Angelegenheit zu dem gemeinsamen, frommen Werke anzueifern, wollen Wir alle die Gnaden und Ablässe, welche Unser Vorgänger Pius X. heiligen Angedenkens 1913 auf Bitten der Bischöfe von Chile den dortigen Familien, die sich dem Heiligsten Herzen weihten, verlieh, auf alle katholischen Familien der ganzen Welt ausdehnen, die auch diese Weihe vornehmen.

Als Unterpfand der himmlischen Güter und als Beweis Unseres väterlichen Wohlwollens empfange, lieber Sohn, den apostolischen Segen, den Wir Dir von ganzem Herzen erteilen.

Gegeben zu Rom bei St. Peter, am 27. April 1915 im ersten Jahre Unseres Pontifikates.

Benedikt XV., Papst.

II. Aus der Enzyklika Pius' XI. „Miserentissimus Redemptor" vom 8. Mai 1928

„Unter allen der Herz-Jesu-Andacht eigenen Übungen ragt für Auge und Gemüt hervor unsere gläubig fromme Weihe des eigenen Selbst und aller Habe an das göttliche Herz Jesu als Entgelt für Gottes ewige Liebe. Wie sehr unser Heiland diese Hingabe von den Menschen wünschte - nicht auf Grund Seines Rechtes, sondern aus unermeßlicher Liebe zu uns -, das hat er die unschuldige Jüngerin seines Herzens, Margareta Maria, gelehrt; sie hat mit ihrem Seelenführer Claude de la Colombière zuallererst diesen Dienst ihm geleistet. Im weiteren Verlauf der Zeit folgten zunächst Einzelpersonen, weiterhin Familien und Vereinigungen, schließlich gar Behörden, Städte, Staaten."

„Tatsächlich nahm der Geist der Sühneleistung immer die erste und vorzüglichste Stelle ein in der Verehrung des heiligsten Herzens Jesu. Nichts paßt besser zu Ursprung, Eigenart, Kraft und Tugendübung dieser Andachtsform. Das bestätigen Geschichte und Leben, Liturgie und päpstliche Weisungen. Als Christus der Margareta Maria erschien, offenbarte er ihr die Größe seiner Liebe und klagte wehmütig über viel bitteres, brennendes Unrecht undankbarer Menschen. Möchten doch seine Worte in gläubigen Seelen fest haften bleiben und nie vergessen werden!

Er sprach: ‚Siehe da dieses Herz, das die Menschen so sehr liebte und mit lauter Wohltaten überhäufte. Als Lohn für seine maßlose Liebe widerfuhr ihm Lauheit und Schimpf, und zwar mitunter sogar von Seelen, die eigentlich zum schuldigen Dienst besonderer Liebe gehalten wären.‘ Um diese Schuld abzutragen, empfahl er unter anderem als seinen Herzenswunsch, im Willen zur Sühne am Tische des Herrn niederzuknien, in der sogenannten ‚Sühnekommunion‘, und Sühnegebete und -andachten eine volle Stunde hindurch (man nennt das mit Recht die Heilige Stunde) zu halten. Diese frommen Übungen hat die Kirche nicht nur gutgeheißen, sondern auch mit reichen Gnadenerweisen gesegnet.
Aber wie können denn solcherlei Sühneakte Christus in seiner Seligkeit als himmlischen König trösten? Da möchten wir antworten mit dem hier gut angebrachten Worte des hl. Augustinus: ‚Denk dir einen Liebenden, er versteht, was ich sage‘.“

III. Aus den Brautansprachen Pius‘ XII.

„So muß also, liebe Brautpaare und Brüder Jesu, das Bild des Herzens Jesu, des Herzens, das die Menschen so sehr geliebt hat, in eurer Wohnung aufgestellt und verehrt werden als das Bild des allernächsten und meistgeliebten Verwandten. Dieses Bild wird die Fülle seines Segens auf euch und eure Kinder ergießen.

Aufgestellt und verehrt, das heißt: dieses Bild darf nicht nur in einem stillen Zimmer über eure Ruhe wachen, sondern es muß wirklich in Ehren gehalten werden; über der Eingangstür im Speisezimmer oder an einem anderen Ort, wo man viel aus- und eingeht, muß es sich befinden. Sagt doch Jesus: ‚Wer immer mich vor den Menschen bekennt, den werde ich auch vor meinem Vater bekennen, der im Himmel ist.'
Verehrt, das heißt: Vor der kostbaren Statue oder dem einfachen Bild des heiligsten Herzens Jesu muß eine sorgliche Hand wenigstens von Zeit zu Zeit ein paar Blumen hinstellen, eine Kerze entzünden oder auch die Flamme eines Lichtes wachhalten zum beständigen Zeichen des Glaubens und der Liebe.
Das heißt ferner: Jeden Abend soll sich die Familie um dieses Bild versammeln, soll es gemeinsam verehren und um neuen Segen bitten. Mit einem Wort: In dem Hause wird das heiligste Herz Jesu in rechter Weise verehrt, wo es von allen und von einem jeden als König der Liebe anerkannt wird."

„Das meint man, wenn man sagt, die Familie sei dem Herzen Jesu geweiht. Die Weihe bedeutet ja die vollständige Selbsthingabe an eine Sache oder an eine Person...
Wer sich aber weiht, muß auch die Pflichten erfüllen, die sich aus einer solchen Hingabe ergeben. Wenn das heiligste Herz Jesu wirklich in einer Familie herrscht, -

und sicher muß es überall herrschen - dann müssen in dieser gesegneten Wohnung die Personen und Dinge von einer Atmosphäre des Glaubens und der Frömmigkeit getragen sein.
Weg also aus solch einer Wohnung mit allem, was das heiligste Herz betrüben könnte: gefährliche Vergnügungen, Untreue, Unbeherrschtheit, Bücher, Zeitschriften, Bilder, die der Religion und ihrem Leben Feind sind!
Und in gesellschaftlichen Beziehungen: Weg mit den heute nur zu oft gemachten Zugeständnissen, die alles miteinander versöhnen möchten: die Wahrheit mit dem Irrtum, die Ungebundenheit mit der Moral, die eigensüchtige und habgierige Ungerechtigkeit mit der Pflicht zu christlicher Liebe!
Weg mit den Versuchen, auf halben Wegen zwischen Tugend und Laster, zwischen Himmel und Hölle zu wandeln!"

Aus der Radioansprache Pius' XII. vom 17. Juni 1945 am Ende des ersten französischen Herz-Jesu-Kongresses, auf dem sich dreihundert Familienväter dem heiligsten Herzen Jesu weihten:

„Eure Weihe an das Herz Jesu besiegelt einen Pakt zwischen ihm und Euren Familien. Er hat hierfür den Anstoß gegeben durch sein Versprechen: ‚Ich werde sie segnen', sagte er zur hl. Margareta Maria. Ihr

Eurerseits habt mit der ganzen Feierlichkeit, die Eure Mittel Euch erlaubten, unter dem Segen des Priesters, seines Stellvertreters, sein Bild an den Ehrenplatz in Eurem Heim gestellt, zu dessen Herrn Ihr ihn ausrieft, indem Ihr öffentlich die Verpflichtung übernahmt, ihn als solchen zu betrachten und durch die Tat anzuerkennen. Er wird von seinem Worte niemals lassen: ist er doch der getreue Gott. Laßt auch Ihr nicht von dem Euren! Lasset ihn herrschen bei Euch und um Euch!

Eure Wohnung ist als geweihte also bestimmungsgemäß von nun an eine geheiligte Wohnung: nichts darf dort die Augen, die Ohren, das Herz Jesu beleidigen. Er ist darinnen König: er muß dort von Eurer Treue eine ununterbrochene Huldigung der Ehrfurcht, der Hochachtung, der Liebe empfangen. Als über alles gütiger Herr Eures Heimes ist er innig mit dessen ganzem Leben verbunden, und es kann dort kein Leid, keine Freude, keine Befürchtung und keine Hoffnung geben, an der Ihr ihn nicht teilnehmen ließet. Das bedeutet Christi Königreich: es ist geheiligt."

Benutzte Literatur:

Chasle, Louis; Schwester Maria vom göttlichen Herzen Droste zu Vischering; Freiburg im Breisgau [7/8]1919.

Familienweihe an das Herz Jesu. Nach Anleitungen des Herz-Jesu-Apostels P. Mateo; Innsbruck, Wien, München 1935.

Hättenschwiler SJ, Josef; Der Bund Tirols mit dem göttlichen Herzen Jesu; Innsbruck 1917.

Herz Jesu Thronerhebung. Einführung und Zeremoniell der Familienweihe an das hlst. Herz Jesu und damit verbunden die Weihe an das Unbefleckte Herz Mariä; herausgegeben von Kloster Arnstein, Obernhof/Lahn o.J. (zur Zeit Pius' XII.).

Holböck, Ferdinand; Aufblick zum Durchbohrten. Große Herz-Jesu-Verehrer aus allen Jahrhunderten; Stein am Rhein 1990.

Hl. Margareta Maria Alacoque, Leben und Offenbarungen von ihr selbst geschrieben und ergänzt durch Zeitgenossen; Freiburg/Schweiz [3]1984.

P. Mateo; Jesus, König der Liebe; Innsbruck, Wien, München 1935.

Nix SJ, Hermannus Ios.; Cultus SS. Cordis Iesu; Freiburg i.Br. 1891.

Rovira, German; „Ich lege mein Gesetz in ihr Inneres und schreibe es ihnen ins Herz“ (Jer 31,33). Die Verehrung der Herzen Jesu und Marias (Marianische Schriften des Internationalen Mariologischen Arbeitskreises Kevelaer e.V.); Stein am Rhein 1992.

Rüth SSCC, Johannes; Thronerhebung des Herzens Jesu in der Familie; Oberlahnstein 1948.

Schwendimann SJ, Friedrich; Herz-Jesu-Verehrung heute? Stein am Rhein 1974.

Die Priester der Priesterbruderschaft St. Petrus sind gerne bereit, im Rahmen ihrer Möglichkeiten in den Familien die Herz-Jesu-Thronerhebung vorzunehmen. Wer dies wünscht, wende sich bitte an:
Priesterseminar St. Petrus
Kirchstr. 16
88145 Opfenbach

Das Portal zur katholischen Geisteswelt:
www.kath-info.de

Empfehlungen:

Der Schott
Messbuch lat. - deutsch für den Gottesdienst im außerordentlichen Ritus - 33 Euro

Brevier
in Latein für das Stundengebet im außerordentlichen Ritus Goldschnitt - 198 Euro

Maria ist treu
Zwei wahre Begebenheiten, wie die Muttergottes geholfen hat. 32 Seiten. - Gratis

Kleiner Katechismus des katholischen Glaubens
Dieses Büchlein gibt in leicht verständlicher Sprache einen klaren Überblick über die wesentlichen Inhalte des katholischen Glaubens. Es eignet sich für Kinder und Firmlinge, will aber auch für Erwachsene zur Auffrischung ihres Glaubenswissens einladen. Gratis

Mein Jesus Barmherzigkeit - Beichtbüchlein für Kinder
Das Büchlein ist mit ansprechenden Illustrationen versehen. Es enthält einen kleinen Beichtkatechismus, Gebete zur Vorbereitung, einen ausführlichen und kindgerechten Beichtspiegel, sowie eine Auswahl schöner Kindergebete. Gratis

Beichtspiegel - Praktische Beichthilfe für Erwachsene
In einer guten Beichte verliert man gar nichts, aber man gewinnt unendlich viel. Dieses Büchlein will sowohl solchen helfen, die schon lange nicht mehr gebeichtet haben, als auch denen, die regelmäßig beichten. Gratis

Die letzten Dinge
Die letzte Stunde eines Menschen auf dieser Erde ist die wichtigste Stunde seines Lebens, denn sie ist die Stunde der Entscheidung. Diese Schrift möchte daran erinnern, was der katholische Glaube über die letzten Dinge lehrt, und eine Perspektive zeigen, die über den Tod hinausgeht. Gratis

Er ließ mich mit unzweifelha
daß es ihm besondere Freuc
seinen Geschöpfen gekannt,
werden. Und diese Freude wa
es mir schien, er habe mir versprochen, alle, die ihm geweiht seien, würden nicht verloren gehen.

Hl. Margareta Maria Alacoque

Wenn doch mehr und mehr die Familien das Herz Jesu zum Hausherrn und zum König ihrer Familie erwählen und diese sogenannte Thronerhebung des Herzens in den Familien durch ein äußeres Zeichen bekennen wollten!

Kardinal Faulhaber von München